U0640479

书山有路勤为径，优质资源伴你行
注册世纪波学院会员，享精品图书增值服务

全球教练经典译丛

THE INTELLIGENT LEADER

觉醒领导者
解锁领导他人的7个秘密

〔美〕约翰·马托尼（John Mattone）著

林菲 译

电子工业出版社
Publishing House of Electronics Industry
北京·BEIJING

The Intelligent Leader: Unlocking the 7 Secrets to Leading Others and Leaving Your Legacy by John Mattone

ISBN：9781119566243 / 111956624X

Copyright © 2020 by John Wiley & Sons, Inc.

Simplified Chinese translation edition copyright © 2021 by Publishing House of Electronics Industry. All rights reserved. This translation published under license.

Copies of this book sold without a Wiley sticker on the cover are unauthorized and illegal.

本书简体中文字版经由John Wiley & Sons, Inc.授权电子工业出版社独家出版发行。未经书面许可，不得以任何方式抄袭、复制或节录本书中的任何内容。

本书封底贴有Wiley防伪标签，无标签者不得销售。

版权贸易合同登记号　图字：01-2020-2657

图书在版编目（CIP）数据

觉醒领导者：解锁领导他人的7个秘密／（美）约翰·马托尼（John Mattone）著；林菲译. —北京：电子工业出版社，2021.8

（全球教练经典译丛）

书名原文：The Intelligent Leader: Unlocking the 7 Secrets to Leading Others and Leaving Your Legacy

ISBN 978-7-121-39697-7

Ⅰ.①觉… Ⅱ.①约… ②林… Ⅲ.①企业领导学 Ⅳ.①F272.91

中国版本图书馆CIP数据核字（2021）第113209号

责任编辑：杨洪军
印　　刷：天津千鹤文化传播有限公司
装　　订：天津千鹤文化传播有限公司
出版发行：电子工业出版社
　　　　　北京市海淀区万寿路173信箱　　邮编100036
开　　本：720×1000　1/16　印张：12.5　字数：180千字
版　　次：2021年8月第1版
印　　次：2021年8月第1次印刷
定　　价：69.00元

凡所购买电子工业出版社图书有缺损问题，请向购买书店调换。若书店售缺，请与本社发行部联系，联系及邮购电话：（010）88254888，88258888。

质量投诉请发邮件至zlts@phei.com.cn，盗版侵权举报请发邮件至dbqq@phei.com.cn。

本书咨询联系方式：（010）88254199，sjb@phei.com.cn。

译者序

这些年我教练过很多企业的高层，他们的烦恼与纠结、突破与成长都历历在目。一直想找一个深度框架对他们的个人智慧成长路径做个精准的归纳，直到读了约翰·马托尼的这本书，不禁豁然开朗。

任何个体的改变，包括成长，都始于对自己当下与未来的深度觉察。对当下的觉察最关键的是约翰所说的"内在核心"，即品格、价值观和信仰，它决定了一个人的原动力和对事物的评判标准。而对未来的觉察是人一生追逐的目标，即为什么而活，它具体是什么模样，对我意味着什么？很多优秀领导者在事业发展到一定阶段都会有倦怠或迷茫的时刻，而对当下和未来的觉察可以让他们回归本心，以终为始地思考未来的路。

一个人从普通的创业者或管理者成长为领导者甚至领袖，是一个从依赖到独立、再到互赖的进程。很多优秀的创始人往往到了"独孤求败"的阶段就踟蹰不前，有的因为看不到未来的方向，有的因为无法面对和接纳自己可能的脆弱和失败，而不得不生活在众人营造的"神化"世界中，公司的发展也会因此原地踏步。"勇于示弱"是打破自我成长天花板的那柄安全锤，从一个系统的最高处跳入更广阔的未知空间从头再来，"勇于自豪、激情和精确地执行"、利他的"责任心态"是内心力量的加持。成功的企业家在创业之初并非基于使命，而是被简单的成就或赚钱愿望、兴趣所驱动,或者纯粹为了碰运气。当他们发展到一定阶段,内在系统越来越宽广时,就会把越来越多的人的命运担在自己身上,把个体的成就发展为系统的成就。为了他人,而不仅仅是自己,这种使命感会让他们更有勇气和牺牲精神,来担负更大系统的责任。这里要提醒的是"欲速则不达",专注当下,觉察自己的每一个决策或选择对他人和系统的影响,保持警觉,你需要一颗冷静而坚定的心。

最后,我想特别强调的是,技巧能力的培养是可以有统一模板的,它们体现在企业 360 度评估系统的行为要求上;但智慧是靠每个人基于人生和管理实践的感悟形成的,也是独一无二的。你必须经历痛苦,经历独特的心路历程,赢得一个个内心的挑战,才有可能找到自己的人生哲学或管理哲学。了解并发现自己的天赋,接受自己的不完美,探索自己独特的成功道路,这才是修炼的正道。

这本书不仅支持你修炼成一个更卓越的领袖人才,也指引你成为一个更好的人。作为高管教练的我愿意照亮和陪伴大家走过那条孤独的探索之路。

林 菲

2020 年 5 月 8 日于北京

序

无论你是一个想把领导力提升至新高度的经理或资深高管，还是一个想在未来走上领导岗位的人，你都找不到比约翰·马托尼更好的导师了。约翰是世界上最受尊敬的高管教练之一，也是领导力发展理论的先驱。他帮助过世界上最有影响力的一些领导者释放他们的潜力。只要你愿意，他也可以为你做同样的事。

约翰有关领导力发展的方法如此独特和强大，是因为他强调了一种被他称为"内在核心"的东西。这是一个新理念，对应品格、价值观和信仰这样的传统概念。他坚信真正伟大的领导力首先从内部开始，然后一路向前。它需要勇气，它需要示弱，它需要真诚。领导力不只是一套迷人的技巧或鼓舞人心的想法。它是你在内心和灵魂层面深层工作锻造的产物。

这本书也许是约翰迄今为止最为重要的著作。在这本书里，他将自己多年以来为成千上万名客户所做的工作升华为一种通俗易懂、温暖人心和精巧熟练的探索，并由此引导、推动和激励他人不断成长。这本书展示了他关于觉醒领导力研究的七个维度，它们既是伟大领导力的普遍品质，也是你可以用来进化自己的可行原则。尽管约翰的著作受到了他与许多企业高管共事经历的启发，但这不仅仅是一本商业书籍。正如约翰所言，我们每个人都有领导潜能，培养这种潜能将有助于我们过上更有影响力、更加充实和更加富足的生活。

当你踏上这本书的阅读之旅时，我有一个小建议：请记住，做出改变是艰难的。这通常比你想象的要花更长的时间，而且可能会困难重重。不要只是看一看约翰的书，而要把它付诸实践。拿起他提供的工具，你的成功掌握在自己手中。记住，真正的改变并非一蹴而就，它需要你付出真正的努力。成为一个真正的领导者——从内而外——这是一生的追求！

生活多么美好！

马歇尔·戈德史密斯

前言：深层次需求

自 2013 年我出版第一本《觉醒领导者》以来，我自己的生活、职业和世界都发生了巨大变化。就我个人而言，我很荣幸目睹了人们对这本著作（特别是觉醒领导力模型）爆发出的浓厚的兴趣。我曾与几乎所有大洲的大大小小公司的知名的和不知名的高管一起共事过，我在各种会议和董事会会议上讲过话，我甚至被誉为世界顶级高管教练之一。我提这些不是为了吹嘘我的成功或者为了给你留下深刻印象。我确实意有所指。对我来说，我的书越来越受欢迎，更多的是因为领导力在当今世界的地位，而不是因为我个人。

觉醒领导力的独特之处之一（真正秘密）是它强调了发展领导力所需要的内在作用。我发现，为了获得大多数领导者所追求的结果（提高绩效、职业发展、个人和公司成功以及留下持久遗产），领导者必须有勇气"深究"，并开始理解是什么使他们成功。因此，每个人都必须采取行动来释放他们内心的光芒，让它照亮他们生活的每一个维度。在本书接下来的各个章节里，我们将对此进行深入探讨。

我发现，今天的领导者大多缺少这种深层次的发展方法。许多人要么没有适当的时间，要么没有知识或兴趣去认真探索他们的内心。他们倾向于跳过所有这些方法，只想获得快速、简单和注重结果的东西。但是这样做，他们就会忽略自我认知对领导力发展的重要价值。我见过的伟大领导者都明白这一点。我相信，正是这一点使他们变得伟大。

老实说，我认为这种深层次需求是造成"领导力差距"的根本原因。在过去的几十年里，很多人在他们的著作中讨论过这个问题。与我年龄（我今年62岁）相仿以及更年长的整整一代领导者，他们对了解自己没有足够重视，并且都能找到充分的理由。他们主要致力于建立和发展公司、完成工作，并向许多依赖他们的人交付成果。在这些伟大的男性和女性中，许多人通过一生的经历学到了他们的领导经验，但是他们不一定会通过语言或工具把他们自己的秘学传递给下一代。今天，有抱负的领导者（"婴儿潮"一代以及"千禧一代"）对处于觉醒领导力核心的那种内在作用更加开放，但是没有老师来教他们，没有足够的路线图让潜在的领导者在内心、思想和灵魂层面为拥有伟大领导力真正需要的东西做好探寻准备。

这就是我想写本书的原因。本书意在成为探寻领导力真正本质之旅的路线图。我的首本有关觉醒领导力的著作试图向世人介绍我一直从事的工作，即将"九型人格图"整合到领导力工具中，我称之为"马托尼领导力九型人格指数"（MLEI）。它有大量的练习和活动来帮助你探索作为一个人和领导者的独特优势与弱点。这对很多人都很有用。但是自从那本书出版后，新的原则出现在我的著作中。我已经在和我共事过的许多领导者身上看到一些模式，从这些模式中——无论是它们内在的感觉还是外在的样子，我都相信我开始看到伟大领导力的真正本质。

在本书中，我将与读者分享所有这些内容。它的目的是为了引导你踏上通往领导力核心的旅程，探索领导力的诸多维度，它将始终与你相伴，直至你的灵魂和品格得到充分的发展。当你站在新的优势地位回首成功之路时，你会发现这个世界已经换了一片天地。如果我用本书实现了这个目标，它会让你从里到外直接体验到真正伟大领导力的巨大力量，这样你就能感觉到你在为什么而奋斗，以及你需要做些什么来获得成功。

当今世界需要领导者拥有这种新的智慧。他们需要理解人类内心、思想和灵魂的微妙变化，而这首先从他们自身开始。他们需要植根于强大的自我认知，培养一种罕见但可以实现的能力，并影响周围的人实现同样的根性。你可以称之为"开明领导力"或"深层领导力"，但我更喜欢称之为"觉醒领导力"。这说明如果你花时间学习这种方法，你就会变得非常有智慧。

我真的相信这种觉醒领导力不是奢侈品，而是当今领导者的必需品。我认为你有潜力成为伟大的领导者，能与你分享这个秘密，我深感荣幸！

致　谢

这本书和我的其他书一样，凝结了许多人的承诺、牺牲和努力。

我要感谢我的妻子盖尔，41年来她不可思议地一直支持着我走完每一步。盖尔是我所知道的最勇敢的人。她是身患两次乳腺癌的幸存者，从未放弃过生命，她不屈不挠，并坚持不懈地通过她在中佛罗里达大学高级注册护士的工作来帮助他人。盖尔是我们整个家庭和世界的杰出榜样。盖尔，我爱你！

我要感谢我们的四个孩子和他们所爱的人——杰瑞德、尼古拉斯、克里斯蒂娜和达林、马修和卡西，还有我们的四个孙子——卢克·多米尼克·马托尼、迪伦·约翰·迪比斯盖利、伊斯顿·马修·马托尼和艾娃·洛林·迪比斯盖利。你们的爱就是我的力量。我爱你们！我要感谢我已故的父母多米尼克和简·马托尼，以及我已故的岳父岳母比尔和让·奥哈洛伦。我知道你们的在天之灵每天都在佑护着我们每一个人，我们倍受安慰并变得更加坚强。我们每天都带着骄傲、荣誉和自信前进。

我要感谢所有参加过我的演讲、高管务虚会、研讨会和项目的客户，以及这些年来我有幸指导和咨询过的客户。我从你们身上学到了很多，我感谢你们对这本书的贡献。我特别要感谢我的亲密顾问和朋友乔尔·皮特尼，他为这本书不知疲倦地和我一起工作了一年多。乔尔，谢谢你！感谢你的智慧、创造力，以及你对我和这个项目的永恒承诺。

我还要感谢他的妻子劳拉·皮特尼，她的精心编辑帮助我的手稿达到了一个新的高度。

我要感谢我在约翰·马托尼全球有限公司难以置信的强大团队：我的两个儿子尼古拉斯·马托尼和马修·马托尼，他们分别是我们的首席关系官和首席运营官，还有首席发展官特雷弗·马洛尼和首席战略官肖恩·瑞安。我要感谢我们由曼尼·詹纳罗、贡萨洛·蒙特斯·德奥卡带领的营销团队，以及 Launch My Book 有限公司；我要感谢由劳林·查尔斯、克里斯蒂娜·迪比塞格里和卡塞·佐普带领的财务和行政团队；我要感谢我们的法律顾问杰弗里·加伯先生和卡尔·斯帕尼奥洛先生。我还要感谢我们的朋友、同事和顾问保罗·科蒂斯索斯。

我要感谢我们优秀的培训团队，包括：觉醒领导力高级培训总监和大师级觉醒领导力培训导师苏珊·瑞安、大师级觉醒领导力培训导师卡尔帕娜·尚穆罕姆博士以及大师级觉醒领导力培训导师劳瑞·拉吉奥。我要感谢我们 450 多名经过认证的觉醒领导力高管教练，他们来自全球 52 个不同的国家。我要特别感谢我的朋友特里·鲍威尔，他是 Franchise Source Brands、the Entrepreneurs Source 和 AdviCoach Franchise 的创始人，他与我分享了共同创建和推出 AdviCoach—觉醒领导力教练特许经营品牌的愿景，为世界各地希望创办和发展教练公司的领导者提供创业机会。

我要感谢我们的朋友、同事和重要商业伙伴多哈商业解决方案（DBS）的莫尼尔·法迪，以及 DBS 领导力团队，感谢他们在中东、欧洲和非洲对我工作的支持。我要感谢塔哈·法汉和来自 Global Gurus 的团队，感谢他们的支持。我还要特别感谢来自 Thinkers50 的德斯·狄洛夫和斯图尔特·克拉纳，感谢他们对我和我的工作的信任。当然，我还要感谢所有的活动合作伙伴和全球演讲局合作伙伴的支持。

我要特别感谢我在中佛罗里达大学的朋友和同事：科学院院长迈克

尔·约翰逊博士、心理学系主任弗洛里安·延奇博士、工业与组织心理学博士项目主任史蒂文·杰克斯博士、工业与组织心理学硕士项目主任维多利亚·佩斯博士以及科学系高级主任米莉·埃里克森。我想对中佛罗里达大学工业与组织心理学专业的硕士生和博士生们表示感谢和赞赏，并感谢我在佛罗里达大西洋大学的所有在职工商管理硕士生们。只有你们进入职场，学术界和商界才会变得更好。在通向成功的路上，一直有伟大的导师和老师与你们相伴。

我要感谢我早期的导师约瑟夫·魏特劳布博士，他是巴布森学院的管理学教授，是他将我引入了工业与组织心理学领域，并激励我继续深造。我要感谢中佛罗里达大学工业与组织心理学系前主任韦恩·巴勒斯博士，他指导并激励我发挥自己的潜力。我要感谢我的第一位企业导师——已故的卢·拉森，他对我的信任甚至超过了我对自己的信任。

我要感谢我在 AlignMark 的同事和朋友们——老卡博特·贾菲、卡博特·贾菲、格伦·贾菲、迈克·斯特鲁斯，感谢你们给了我智慧和热情，让我能够做好今天的工作。我还要感谢高管发展协会的首席执行官邦妮·哈格曼和整个团队，感谢他们成为我伟大的商业合作伙伴。

如果我没有提到那些在领导力和教练领域给我和我的职业生涯带来巨大启发与影响的人，那么我的感谢就不会完整。首先，我要感谢马歇尔·戈德史密斯博士，我把本书献给他。我还要感谢托尼·罗宾斯、约翰·麦克斯韦尔、肯·布兰佳和已故的史蒂文·柯维，感谢你们为激励我而做的一切。还有很多人曾经帮助、指引、辅导过我——如果我没有提到你们，我要向你们道歉。谢谢你们一路上帮助我！

最后，如果没有出版商马修·霍尔特的支持，没有约翰·威利父子公司高级编辑珍妮·雷及其团队的杰出努力，以及没有维基·阿丹的编辑，这个项目不可能完成。非常感谢你们所有人的出色工作！

目　录

第六章　勇于自豪、激情和精确地执行

第七章　专注当下，保持警觉

第八章　修正航向

第九章 这不仅与你有关——领导力与文化密不可分的关系

第十章 结语：改变的悖论

Introduction：Do You Have What It Takes to Inspire Others to Follow?

引语：

如何激励他人追随你

当想到"领导者"这个词时，你的脑海中会想起什么？你或许会想到一个力量强大或鼓舞人心的人。他也可能是一个总是比别人领先一步的人。你还可能会想到某个特定的人——某位名人，或者你自己认识的某个人。你甚至会想到你自己。

事实是，领导力可以采取多种形式，也可以表现为多种不同的方式。然而，找到一个真正的领导者就像发现一颗罕见的宝石一样可遇不可求——这种事并不是每天都会发生。你要知道，成为一个领导者的想法会让人们兴奋不已，但人们通常只对它能为他们带来什么产生兴趣。也许他们想得到权力、控制力、财富、荣誉或者更高的地位。但是，我在生活中遇到的真正的领导者则是那些不把领导力视为对自己有益处，而是对他人负责任的人。

这就是为什么我最喜欢的关于领导力的定义是这样的："他人效仿的榜样。"我有幸认识了一些最伟大的领导者，他们的一个显著特征是始终根据对他人的责任来设计自己的生活。他们意识到周围的人依赖他们，以他们为榜样，并在生活中对他们进行模仿。因此，这些领导者努力想成为更好的人。这是成为一个真正的伟大领导者的"很没意思"的秘密——老实说，没有多少人愿意承担如此巨大的责任。为什么当今商界有如此多的人在谈论领导力差距，我想这就是主要根源之一。

但是我并无意描绘一幅令人沮丧的画面或者故意令你心生气馁。事实上，我把成为一个伟大领导者的挑战视为意义深远的机遇。最好的领导者不一定是天生就具有某种特殊"天赋"的人。他们只不过已经做出决定，愿意承担起成为他人榜样的巨大责任——你也可以，任何人都可以。我们设想领导力是任何人都能做出的选择。伟大的领导力是一种你可以培养的技能。这就是"觉醒领导力"的全部意义。

如果你是一个真正想成为领导者的人，并且你很乐意成为"他人效仿的榜样"，那么本书将向你展示一条实现这一目标的途径。它基于我作为一名工业心理学家和领导力教练几十年来所进行的正式和非正式研究。我曾与商界一些最优秀的领导者共事过——有些是著名的，有些则相对不为人知，我还开发了一种领导力方法，任何人都可以借助它来成为真正伟大的领导者和真正伟大的人。

在接下来的章节中，我们将详细讨论觉醒领导力，但首先我想探讨一下什么是"伟大的领导力"。

确定目标

当你试图实现某个目标时，尽可能清晰地描绘出你的目标是很重要的。所以，在我们继续讨论之前，我想和你一起做一个小练习：想象两个不同的人，你认为他们是拥有领导力的好榜样。其中一个领导者应该是某个名人，比如像马丁·路德·金、罗纳德·里根，或者雪莉·桑德伯格这一类的人物。对你来说，他们最能体现领导力的真正本质。你的第二个榜样应该是你自己生活中的某个人。他可能是你的老板、导师、老师、牧师、教练或父母。选择一个在生活中成为你的学习榜样的人，他能激励你做得更多，或者做得更好。

此时你已经想到了两个榜样，我想让你想想是什么让他们成为一个伟大的领导者。他们所体现的激励他人的品质、品格和能力是什么？尽可能具体地列出来。

我想到的榜样包括已故的史蒂夫·乔布斯，他是我以前的客户，是一个创新者和潮流引领者。他似乎总是比其他人至少领先两步。我想到了先驱飞行员阿米莉亚·埃尔哈特，她从不害怕做别人未做过的事情。我想到了我的老棒球教练，他从不愿意让他的任何球员满足于一般水平，他始终激励着我不断前行。我想到了像勒布朗·詹姆斯或艾利克斯·摩根这样的伟大运动员，他们如此专注于获得持续的进步，以至于他们总是能激励其他人也这样做。

现在，请你把这两个人以及他们的领导力品质列一个清单，并把它放在手边。在翻阅本书时，我们会把它作为参考。

X因子

我准备在这里冒险一试，假设除了你列出的品质，你想到的这两个领导者还有一种无法定义的品质，也就是关于他们各自的一些不容易表达出来的东西。这是一种超越他们特定属性的"X因子"，它给他们带来了一种特别的领导力光芒——这是一种看似不可解释、难以名状的品质，但在最伟大的领导者身上表现得淋漓尽致。

这种不可捉摸的品质让人们滋生出一种错误的假设，即有些人生来就是伟大的领导者——他们拥有上帝所赐予的激励他人的天赋，而这种天赋似乎是从他们的本质中自然流露出来的。虽然我确实相信有些人是"天生的领导者"，但通过无数次的亲身经历，我也开始相信这种领导力品质不一定是天生的。它可以在后天发展。你可能永远不会像纳尔逊·曼德拉或者比尔·盖茨那样闻名于世，但你完全可以充分地发展自己的能力，成为他人的榜样，我们将在下文中学习如何做到这一点。

根据我的经验，伟大领导力的这种"X因子"与我所说的"内在核心"有强连接关系。我们将在下一章以大量篇幅讲述"内在核心"的含义，但现在我们只能以冰山来比喻它。当你想象一座冰山时，你可以看到白色或蓝色的冰耸立在水平线之上。然而在表面之下，你看不到的是一个巨大的体量，它构成了冰山的绝大部分，这也是它在海洋中运动的原因。所以，就像冰山一样，你的内在核心是你内心深处隐藏在表面之下的一切，即所有"看不见的"品质决定了你的品格，并产生了人们所看到的技能和行动。

目前，并不是每个人都用这种方式来描述内在核心。神学家和心理学家，以及来自不同学科和理念倾向的比我聪明得多的人，无论是在灵魂、精神还是在潜意识方面都对内在核心有不同的定义。对我来说，一个人的内在核心是自我概念、品格和价值观的结合，它们三者一起对我们如何穿行和回应这个世界产生最深刻的影响。

以我的经验来看，最伟大的领导者是那些不仅能深刻地意识到自己的内心世界，而且善于进入、改变并利用它来指导和塑造自己在世界上的行为的人。他们与内在核心的联系是伟大领导力的"光芒"。正是这种不可名状的品质让伟大的人备受瞩目。

觉醒领导力模型旨在帮助你专注于培养你的内在核心，这样你就可以开始散发出伟大领导力的X因子。这听起来可能冠冕堂皇，但它从根本上揭示了伟大领导力神秘莫测和时常难以捉摸的品质，并且非常实际地向你展现了如何在你自己的头脑、心灵和灵魂中改进它们。这个模型在本质上是"减少不可减少的"，并带给你一个领导力发展的具体框架和蓝图。

❑ 领导力差距

　　当今商界蕴藏着巨大的智慧力量。我曾坐在世界上一些最大公司的董事会会议室里，我对周围人的绝世智慧和认知能力心生敬畏。这些公司在发现和培养智力资本方面做得非常好。然而，尽管如此，从一项项研究和一本本书中，我发现一件同样的事情：几乎每个行业都缺乏强大的领导力指引。

　　这告诉我们什么？我看到了一个简单但往往难以理解的事实：好的领导力需要的不仅仅是智力。如果你将大多数公司的认知能力和领导能力绘制成图（见图I.1），你会看到一条扭曲的钟形曲线。纵轴代表领导者的数量，横轴代表他们的能力。如你所见，拥有高水平认知能力的领导者（图中右边曲线）比拥有高水平领导能力的领导者（图中左边曲线）多。

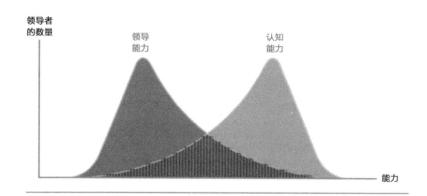

图I.1　领导力差距

那么为什么会有这种差距呢？为什么认知能力强的领导者比领导能力强的领导者多？少了什么？这就是本书所要讲的全部内容。为了将认知能力转化为强大的领导能力，你需要挖掘内在核心的无形要素。

缺一不可

如果此时你认为本书会"很虚"且仅关注难以定义的"内在核心"的主观部分，那么我想请你读到此为止。觉醒领导力发展过程的主旨就是驱动真实的、可测量的结果。事实上，在当今市场上的领导力发展技术和理念中，这一点是独一无二的，其原因之一是它结合了对内在核心能力和外在核心能力的鉴别，这两种能力决定了你在现实世界中的表现。

每年都有成千上万本新的领导力书籍出版，其中大部分都聚焦某个方向。有的书主要专注于个人主观的内心体验；这些领导者往往缺乏责任感，也不知道如何将这种内在作用直接转化为更好的表现。其他的书则试图跳过重要的内在核心作用，而我发现，要使我们的外在核心能力实现真实、持续的改变，内在核心的作用不可或缺。

我要说的是，所有这些都很重要。如果你对你的内在核心和外在核心能力没有给予同等重视，那么你一定不会取得显著的发展。觉醒领导力由七个维度组成，我们将在本书的大部分篇幅里对它们进行探索，它们是开启使我们成为伟大领导者的内在与外在、主观与客观、表面下无形世界与可见品质能力之间强大联系的关键。

我们都是领导者

那么谁应该读这本书呢？我明确地回答你：任何想变得更好的人都可以读这本书。

我最讨厌的事情之一是许多人对谁是不是领导者有一种无意识的假设。领导圈子里的人倾向于给头衔和职位赋予很大的意义，我发现这有时会妨碍揭示领导力发展的真正本质。事实上，如果你读过我以前写的一些书，你会看到我在某种程度上屈从于这样一种假设。我过去出版的大部分书籍都过于专注帮助商界正式领导职位上的人（经理、副总裁、首席执行官等）如何变得更有效率。

实际上，在我多年来与成千上万的人一起做的工作中，我发现推动伟大领导力发展的原则与推动人类发展的任何领域的原则即使不完全相同，也是相似的。归根结底，如果一个人不是一个好的人，那怎么会是一个好的领导者？记住，我们对领导力的定义是"成为他人效仿的榜样"。而谁不是某个人的榜样呢？即使你没有正式的领导职位，你也可能是父母、教练、老师或仅作为朋友。

只要早上起床，进入复杂的人际关系世界，你就能对他人产生影响。不管你喜不喜欢，你对某些人来说都是一个榜样。我们这些榜样都有改变和改进的空间。

前方的路

在本书的第一章，我们将深入研究你内在和外在领导力之间的复杂关系。我们将探索许多实用的方法，通过聚焦于你的内在核心，从而为你的外在核心能力提供基础，使其蓬勃发展和闪耀光辉。我们将讨论发展过程本身，以及如何最大程度地发挥内在和外在的作用。

一旦我们对内在和外在如何协同工作以释放你的领导潜力建立了基本的理解，我们就将在接下来的七章中探索觉醒领导力的关键要素。我们将用故事、模型和例子来定义这七个原则，并指导你采取具体的行动来运用每一个原则。这将是本书的核心内容，也是掌握觉醒领导力艺术的关键。

然后，我们将一起完成我们的旅程，探索领导力和文化之间微妙而重要的联系。我们将讨论发展你领导力的直接方式，而作为领导者，你的发展有助于影响你的团队、员工、工作场所、家庭的文化。我还将向你展示如何将信息传递给你周围的人。

建立你的网络

觉醒领导力最重要的一个作用是利用他人的反馈来帮助你识别自己的优势和劣势，并跟踪你的发展进程。在我们深入讨论本书主要内容之前，我想让你确定几个你可以信赖并能够得到反馈的关键人物。理想情况下，你所选择的人——朋友、同事、老板、员工、配偶——应该诚实可信。在本书的每一章里，我都会请你联系你的支持网络，让他们对你与我们正在讨论的特定维度之间的关系进行反馈。这些信息非常重要。他们的反馈不仅会给你一个准确的感觉，让你知道你需要做什么，还会让你对自己的发展充满信心！

一起深究

我对觉醒领导力改变那些认真对待它的人的能力充满信心。我并非自吹自擂。觉醒领导力的维度是我通过与成千上万的领导者——包括许多拥有远大抱负的领导者——一起工作而发现的。有时候，我觉得自己像一个人类思想、心灵和灵魂的考古学家，通过每一次面试、辅导或互动，我在领导力领域不断发现新的模式。现在，我将我的发现——领导力转变密码——发表在这本书里。

当你阅读并充分利用这本书的时候，我真诚希望你尽可能敞开你的心扉和思想。深究和探索内在核心的微妙领域可能是一次艰难的经历。它需要脆弱。它需要勇气。如果我们选择练习它，应发挥一种我们内心都拥有的内在力量。我保证你所付出的努力会得到回报。我见过太多这样的成功故事，因此坚定不移。

Getting to Know Thyself

第一章

了解你自己

如果你曾经上过哲学入门课，或者花时间阅读过当今各种各样的个人成长的书籍，你可能会听过"了解你自己"这个说法。这一古希腊格言由苏格拉底发扬光大，根据他的学生柏拉图的说法，他对此格言进行了扩展，提出了"未经审视的生活不值得度过"的著名主张。

我提起这个短语，无意让你因回顾西方哲学史感到厌烦，而是为了引导你去探究觉醒领导力的核心。如果你想成为一名领导者，即你作为一个人希望持续成长，尽可能深入地觉察自己至关重要。你需要了解是什么推动你进步，是什么阻碍你成功，以及你可能拥有哪些潜在的天赋。

正如我们在引语中所讨论的，为了确保你的自我探究带来真实、持久的结果，关键是要知道你在觉察什么。你主要关注成就、技能和行为（表面上的冰山部分——外在核心）吗？或者你正在觉察你内心深处的深层结构，包括品格、价值观、思维模式和信仰？觉醒领导力模型专注于在所有这些维度上产生你自己的觉察。更具体地说，觉醒领导力帮助你理解你的内在核心与外在核心之间的关系。

我喜欢模型，它们有助于将我们自身主观维度的无形结构可视化。图1.1是我开发的模型，用来说明我们的内在核心与外在核心之间的关系，这是转变我们思维模式的核心。这个模型代表了我们是谁的总和，就像洋葱有许多层一样，最深层是我们的内在核心，即我们的品格、价值观、思维模式和信仰。内在核心也有自己的层次，我们将在下文进一步探讨。模型的表层是世界对我们的看法，即我们的品格、行为、技能和能力。

现在让我们从内在核心开始更详细地探索这个模型。

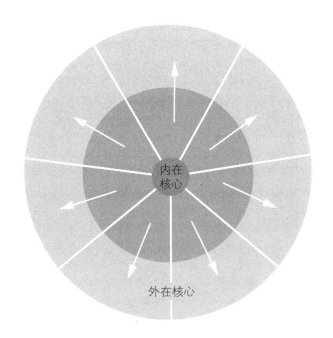

内在
核心

外在核心

图1.1 内在核心和外在核心之间的关系

找到原动力

那么内在核心到底是什么？这是一个很好的问题，也是一个很难回答的问题。内在核心是我们是谁的基础，然而它在大多数时候对我们来说是完全看不见的。我喜欢把它视为我们所做一切的"为什么"。它是一种蓝图，由我们的成长教育、生活选择和社会经历构建而成，它塑造了我们的生活，决定了我们是什么样的人。

虽然内在核心从本质上来说很难定义，但我在职业生涯的大部分时间里，都致力于理解和评估它对全球领导者的影响。我把它分成四个主要部分：你的品格、你的价值观、你的自我概念和你的信仰。

让我们从品格开始。"品格"这个词通常用来描述一个人的道德品质。有品格的人拥有一种正直或内在的力量，这种力量会对从各个方面对他们是怎么样的人产生反响。我所见过的对品格的最好定义之一来自一个不太可能的人：奥兰多的一名八年级学生。我当时就住在奥兰多，在一所中学做演讲时遇见了他。

朱迪是我的一位好友，是这所中学的校长，她让我向他们的500名八年级毕业生以及他们的父母、祖父母和朋友（总共大约2000人）做演讲。朱迪想让我和年轻的毕业生们主要谈一谈品格对于领导力和成功的重要性。在朱迪精彩的介绍之后，我站在500名毕业生面前问了一个问题："有人想给品格下一个很棒的定义吗？"

三四秒钟后，一个年轻人举起手。我请他来回答，他轻声嘀咕了几句只有他的几个同学和我才能听到的有力的话。他的话给我留下了深刻的印象，我问他的名字，他说："阿曼特。"然后我问他是否愿意和大家分享他的定义（这次用麦克风）。他回答说："好的。"

我向在场所有人宣布："阿曼特想分享他对品格的定义。"说完，我把麦克风交给了他。阿曼特站了起来，自豪而又雄辩地说道："品格是当没有人注视时你所做的事情。"人群爆发出掌声。我惊奇不已，不是因为我从未听过这个定义，而是因为阿曼特在分享这个强有力的定义时思路的清晰和信念的坚定。他感动了我和2000名在场者。很显然，这个年轻人已经认识到将一个有效的品格定义作为日常决策指南的价值。

你的品格有多强

本着阿曼特的精神，我希望你花点时间想一想，当没有人注视你时你是什么样子。你在哪些方面表现出坚强的品格？你在哪些方面缺乏坚强的品格？没错，这可能对你来说又是一个陌生的练习，但它是释放你领导潜力的关键。

为了帮助你进行调查，我将为你提供一些品格评估的标准。我将品格定义为六个要素（详见我下文的概述），它们完全描绘出了你的品格，这是你内在核心的重要组成部分。当你阅读这些要素的时候，请考虑一下你展示各个要素的强度，以及你可能拥有的成长空间，看看是否有什么模式出现。

勇气

提及勇气，你很容易就会联想起某些神话中的英雄人物，他们或者手握屠刀斩杀恶龙，或者拯救某人脱离险境。虽然勇气的这个宏大版本可能受到了其本质的启发，但勇气的真正定义通常比这个要微妙得多。勇气，作为品格的一个决定性特征，简单讲是一个人为了更重要的目标而牺牲自己的意愿——无论是向权力层说出真话、承担名誉风险做出有争议的决定，还是在巨大的压力下选择去做"正确"的事情。勇气并不意味着无所畏惧，而是不顾恐惧，基于信念而采取行动。

你对勇气的看法如何？你有多愿意为他人或正义牺牲自己？

忠诚

当谈到忠诚时，我并非指不管一个人的行为如何而对他"盲目"忠诚。忠诚是维系我们关系的黏合剂，使我们的团体和企业成为一个整体。忠诚使我们能够相互支持，患难与共，即使这样做可能不方便。忠诚不是单向的承诺，而是必须同时向上和向下发挥作用。向上忠诚是指对你的上级表现出的忠诚（姑且假定上级是合法和道德的）。向下忠诚是指领导者有责任关心他们的下级。这是一种"长官对部队的忠诚"，它与向上忠诚同样重要。

忠诚对你重要吗？你是否发现即使在困难的时候，你也要对他人负责并采取行动？

勤奋

从本质上讲，勤奋就是懂得通往有价值的成就没有捷径。任何满足于以最快、最简单、最短的方式获得结果的人注定会失望。如果你愿意投入一份工作，并确保你已经尽了一切努力去取得成功，你就会感受到一种不可动摇的信心。勤奋的领导者在面对挫折时会更有韧性，因为他们提前为不可避免的坎坷道路做好了充足准备，而且他们能够在面对挑战时勇往直前。他们不会喋喋不休，觉得自己本可以做得更多或更有眼光。勤奋为你的品格提供了一种基本品质，让你在混乱的世界中保持稳定。

你对待生活的态度有多勤奋？你会坚信自己在做正确的事而避免走捷径吗？

谦逊

领导者往往有极大的自信，这使得谦逊成为塑造坚强品格的最重要因素之一。谦逊的核心是生活于界限之内。它是攻击、自负和傲慢的对立面。最高效的领导者认识到他们并不是"强到不能失败",为了优化他们自己和组织,他们对其他观点持开放态度。对温和的领导者来说,财务和运营约束是安全保障而不是阻碍。谦逊也有助于保持你的情绪平衡。如果你能认识到更傲慢的冲动只不过是为了博得关注,那么你就能在面对挑战时修炼一种更为冷静的自我接纳。

你会认为自己是一个谦逊的人吗?你能约束你的野心吗?

诚实

说到品格,诚实似乎不用费脑子就能想得到,但事实是,做一个诚实的人比人们想象得要难。尤其是面对巨大的压力时,为了个人的方便、利益或进步而隐瞒事实,这往往更加容易。优秀的领导者会心甘情愿放弃那些需要欺骗才能赢得的交易。诚实赚得的小利润比欺骗赚得的大利润更有价值。不诚实的行为(虚报费用、偷税漏税、上班迟到早退或盗窃公司财产)日积月累就会给你自己和团队创造出一个有害的环境。此外,一个成熟和诚实的领导者会创造一个真实的、光明正大的环境。

诚实对你有多重要?你曾经为了得到什么而牺牲真相吗?

感激

当你对别人说"谢谢"的时候,要确保别人知道你在感谢他,这是我们对于感激的重要表述;但当说到品格的时候,我指的是一种更深层次的东西。感激来自这样一种理解:我们的生活会有高潮和低谷,我们所做的任何努力也会有高潮和低谷。就像击球率一样,越高越好,但是偶尔被三振出局也是一种学习经历。事实上,经历低谷让我们保持平衡,让我们更加欣赏成功。如果你对自己的生活保持一种俯视的态度，并且不觉得自己有资格获得成功，那么对你所获得的一切心存感激将是自然而然的事。

你对自己的生活有多感激？你能否对自己的胜利和成功始终保持足够开放的视角？

当你回顾和思考品格的这六个要素时，你有没有看到模型开始出现？在我与各种类型的领导者一起工作的经历中，我发现对品格的思考是最能揭示问题的练习之一。它有助于描绘面对困境时你的内在力量，并向你展示一些非常具体的方法来改善这些基本要素。

尽管品格很重要，但它只是"内在核心方程式"的一部分。你内在核心的下一个关键部分是你的价值观。让我们一起去探索吧！

价值观：你生活的标准

如果你想了解你自己，你必须开始探索你做事的原因。这就是你的价值观。"价值观"这个词可以有很多含义。你可能会想到特定价值，比如"家庭""成功"或"认可"。价值观的最佳定义之一来自我的一位朋友兼同事——奥尔多·奇维科博士，他是一名高管领导力教练和冲突谈判专家，几十年来一直致力于支持世界各地的领导者释放最大潜力。奥尔多和我一样，喜欢定义我们内部世界的微妙结构。他将价值观描述为我们的"生活标准"。价值观，尤其是根深蒂固的价值观，是我们观察世界的一面透镜。它在我们做出的每一项重大决策中都发挥着作用。有的价值观可能是我们自己培养出来的原则，有的则是由父母或社会灌输给我们的。无论我们是否意识到价值观，它都在影响着我们的每一步行动，并在很大程度上决定着我们的命运。

然而，根据我的经验，很少有人真正花时间去弄清楚自己的价值观是什么。我们倾向于简单地按照我们自己从未意识到的价值观生活。这经常会导致问题的产生。

例如，我曾与一些高管共事过，他们似乎很难与人在生活中保持深入的关系，这可能会对他们的个人生活和职业发展产生阻碍。当对他们未曾意识到的价值观进行一番探索之后，我们发现，很明显，他们主要是被成功和成就的强烈价值追求（这在许多方面都是一笔巨大的财富）所驱使，但是如果不加以控制，这种价值追求往往会同改善与他人之间互动和连接的愿望相冲突。直至我们描绘出他们的价值蓝图，他们才能够找出这种差距，并因此开始改变他们生活中的平衡点。

因此，本着自我探究的精神，我们可以更深入地看看自己的价值矩阵。一个人可以有许多不同类型的价值观，但是为了觉醒领导力的目的，我们想主要关注所谓的"终极"价值观。终极价值观（如认可或安全）是根本，是更直接展现的价值观（如金钱或家庭）的基础。当试图触及价值观的基石时，我喜欢使用乔伊斯博士和罗伯特·霍根二人研究的价值观结构，并通过他们研发的深受欢迎的"霍根动机、价值观和兴趣调查问卷"来加以测评。这个调查问卷一共确定了10种终极价值观：

1 美感：艺术、文学、文化、想象

2 归属：社会互动

3 利他：渴望为他人服务，改善一切

4 商业：赚钱，实现利润

5 享乐：对玩乐、有趣、享受的渴望

6 权力：对成就、竞争、领先的渴望

7 认可：渴望被表扬、受关注、自我展示、有名气

8 科学：分析、新思想、技术

9 安全：结构性、可预测性、谨慎性

10 传统：适当的社会行为、道德、高标准

同样，这些终极价值观构成了我们是谁以及我们如何行动的根本驱动力，并对我们的领导风格产生了重大影响。我们每个人都有不同的价值矩阵。我们中的一些人主要受"权力"或"传统"的驱使，而另一些人对"认可"或"利他"更感兴趣。了解你自己的价值层次是理解到底是什么促使你成功的一个重要部分。

为此，我希望你花些时间，按照这些终极价值观对你的重要性从"1"排到"10"，"1"为最重要，"10"为最不重要。如果你对其中一些不确定，也别担心，我们并不是在寻找过于详细的东西，只不过是将对你最重要的价值观进行大概的描述。

如果你在试图弄清楚哪些价值观对你更重要时有些迷惑，这里有一些技巧。首先，你的价值观经常反映在你的态度或兴趣上。当你逐个考虑10个终极价值观时，请注意你对它们的积极感受。你可能会很自然地感觉到对"科学"重视而对"安全"厌恶，也许"美感"更能吸引你的兴趣。

另一种帮助你确定价值观层次的方法是考虑你在过去的一周、一个月或一年中是如何度过的。什么活动主导了你的日程？它们反映了什么价值

观？你在办公室工作到很晚吗？这是否反映了你重视业务并希望确保公司盈利的事实？或者，它也可能反映了这样一个事实：你希望被老板或同事认为你是一个能够投入额外时间来获得成功的人。

当你列出自己的清单时，你对结果感到惊讶吗？你的价值观与你对自己的看法相一致吗？如果你有足够的胆量，现在是一个好时机，你可以与你在引语中所确定的支持网络中的人们分享你的价值观层次。让他们告诉你是否同意你对自己价值观的评估，或许他们持有不同的观点。

注意差距

在你的价值观层次和别人对你的看法之间，经常会出现差距。这些差距是很正常的，它们为你提供了一次探究的机会。举例来说，为什么你会把"利他"排在比你的支持网络所认为的更高的位置上？

通常，你重视的价值观与别人的看法之间存在的差距是由品格问题产生的。记住，品格是你道德力量的反映，即你以可能不受人欢迎或违背自身利益或自我的方式行事的能力。如果你的品格中有一些缺失，它通常会扭曲价值观在你生活中的表现。

在你继续探索自己的品格和价值观时，请对自己有耐心。没有任何一个人是完美的，而觉醒领导力发展过程的全部要点是确定我们可以改善自己并在世界上产生更大影响的方法。如果你轻而易举地完成了这个练习，我想你要么足够完美，要么不够勤奋。我会让你知道哪一个更有可能。

随着对觉醒领导力的进一步认识，我们将依次探讨觉醒领导力的七个维度如何植根于你的品格和价值观并受其影响。它们是我们成为什么样的人的基础，如果我们想发展成为伟大的领导者，那么深入了解我们的品格和价值观至关重要。

你认为你是什么样的人

我们内在核心的最后一部分是自我概念和信念。这些是关于我们更深层次的品格和价值观如何转化为我们外在的核心行为和能力的。不同于品格和价值观（它们通常是无意识的），自我概念和信念更有可能是你更为清楚的品格要素。

简而言之，自我概念就是你对自己的看法。你自认为是成功者还是失败者？是领导者还是追随者？是外向者还是内向者？你的自我概念将在很大程度上塑造你的人格和领导力。你在领导力方面薄弱的许多领域往往可以追溯到你的自我概念中的一些问题。

例如，如果你倾向于认为自己是环境的受害者，那么你可能会一直发现自己无法驾驭具有挑战性的情况。你总是会觉得无力克服你所遇到的困难。但是如果你把自己看作一个问题解决者，那么不管你的境况如何，你都更有可能为自己和周围的人负责。

优秀的领导者往往有非常积极的自我概念。这可能是天生积极的人生观的结果，这种人生观可能来自你的家庭或文化教养，但也可能是在过去成功的基础上不断强化积极形象的结果。如果你不断克服生活中的障碍，你很可能对自己在未来应对挑战的能力更有信心。你已经证明给自己看了，并在这个过程中建立了更强的自我概念。

这是好消息。这意味着即使你发现自我概念没有你希望得那么积极，你也可以改变它。就像你内在核心的其他要素一样，自我概念有很强的可塑性。通过自我检查和实践，你可以彻底改变自我概念并变得更好。

当学习觉醒领导力的七个维度时，我将为你提供各种练习，帮助你建立一个更强、更积极的自我概念。每个维度都会给你现有的自我概念带来新的光芒，并给你一个成长和扩展的机会。

信不信由你

信念与你的自我概念密切相关。"信念"这个词，通常被用来描述你更多地基于信念或直觉而不是证据或事实的想法或观念。这可能是对某种更强大力量的信念，也可能是对人的内在美德的信念。

然而，当谈到信念时，我指的是略有不同的东西。我所寻找的信念是那些我们通过反复经历而知道是正确的原则。例如，我们可能认为人类天生善良，那是因为我们在生活中反复经历过他人的美德和善良。这种根深蒂固的信念决定了我们在这个世界上的行为。它在我们如何评估他人以及与他人互动的过程中创造了一种乐观的感觉和无限的可能性，因为我们相信每个人内心深处都有善良。

我在领导者身上经常看到的另一个例子是一种无意识的信念，即认为人们没有能力做出真正的改变。虽然他们可能永远不会承认，甚至不知道这是他们世界观的一部分，但他们坚信人们始终是他们自己，不可能真正地在重大方面发生改变。这种信念可能来自多年以来对事物现状的接受，也可能来自早期的童年经历。不管怎样，如果领导者带着这种信念，那么他们就会破坏自己不断做出改变的努力，因为在内心深处他们认为这实际上是不可能的。

在这种情况下，信念对我们是什么样的人以及我们作为领导者的潜力产生了巨大的影响。觉醒领导力的目标之一是解开你的信念，确定有哪些信念阻碍了你，然后开始建立新的信念体系以支持你作为一个领导者和一个人的成长。

❑ **用马托尼领导力九型人格指数（MLEI）评估你的"内在核心"**

在我 2013 年的著作《觉醒领导者》中，我深入探讨了马托尼领导力九型人格指数（MLEI），这是我在 1996 年创建的一个工具，旨在帮助领导者（包括那些有抱负的领导者）评估自己的优势和发展需求。MLEI 现在拥有全球 10 000 多名领导者的基础数据。它借鉴了一个古老的模型（有的内容可以追溯到公元前 2500 年的巴比伦），用来理解我们每个人所独有的成熟度和视角。"enneagram"这个单词来自希腊语"ennea"，意思是"九"和"型"，表示"写的或画的东西"。

九型人格图中的每一个点都对应一种不同的思维方式、感觉和行为倾向（见图 1.2）。因此，在九型人格图上，不同点的人看待世界以及与世界互动的方式都不同。当你参与九型人格指数调查时，通过回答一系列问题，能够识别出你在哪些方面更强，在哪些方面需要进一步发展。总之，它是一扇窗户，从中可以看到你内心深处的具体构成。

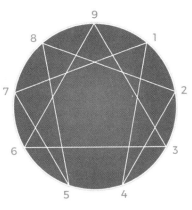

图1.2　九型人格

　　九型人格图很有用处。这就是为什么它在几千年后仍然被人们使用。有了MLEI，我就将九型人格指数模型直接应用于领导力领域。有许多其他方法主要关注行为改变。但是，如果你不理解为什么要这样做，你通常会在很短的时间内又回到原来的行为模式。MLEI是为了提供深刻的自我理解基础而开发的，这将有助于你坚持正在做的任何发展性工作。

　　在本书中，我们不会花太多时间谈论MLEI，但是如果你想更好地了解自己的优势和劣势，我强烈建议你自己完成MLEI学习过程。各位读者，MLEI是免费的，请访问以下链接了解详情：johnmattone.com/booktools。

通往外在核心的桥梁

　　现在，你可以开始了解你的内在核心是什么，以及为什么它对你的领导力发展如此重要。但是你可能恰好也想知道，所有这些对你内在核心的探索是如何帮助你对你自己、你的职业和这个世界产生真正的影响的。

这是一个人很自然想到的问题。和我一起工作的大多数人都在寻求领导力的发展，而不是品格的提高或自我认识。他们希望在职业生涯中有更大的影响。他们希望提高自己的技能和能力，以便能够取得更高水平的表现，并帮助他们的团队、公司也这样做。他们真正想改善的是他们的外在核心，我简单地将其定义为他们带给世界的行为、技能和能力，以及他们对周围人的影响。

你的外在核心代表了那些在绩效评估和360度调查中表现出来的品质，以及人们表扬或批评你的品质。它们包括你做决策或者进行战略性和批判性思考的能力。它们包括你有效沟通和倾听的能力，以及你的整体情商。你的外在核心中最重要的因素之一与你领导团队以及你在组织中培养人才的能力有关。

以我的经验来看，如果你想以显著的方式改善你的外在核心，必须从内在的核心价值观、品格和信念开始。对我来说，这是没有任何商量余地的。作为你品格基础的价值观和信仰是最终驱动你行动的因素，也是开启和释放你全部潜能的关键。老话说得好："行动胜于雄辩。"如果你想知道某人是什么样的人（他们的品格）以及他们看重什么，你需要做的就是看看他们的行为。

例如，你可能会说你是一个重视创新和前沿思维的人，但是当你遇到新想法时，尤其是当这些新想法来自别人而不是你时，你可能会感到一种恐惧或僵硬。这可能表明你实际上比你想象得更重视安全、传统和权力。

这些是我们正在寻找的悖论和矛盾。我们想找到你的行为方式与你的价值观、品格、自我概念和信仰不相一致的地方。这可能很难，甚至一开始就令人尴尬不已。但是这些怪异之处实际上是一种积极的迹象。它们是成长和一致性提升的机会。

这就是为什么当你试图对自己的能力、技能和行为做出真正持久的改变时，了解自己的内在核心是如此重要。外在核心是你对世界的影响。现在，你需要开始了解你的内在核心如何驱动你的外在核心，否则你将永远无法改变这种影响。

有了觉醒领导力，我们的外在核心能力和行为就不是我们的起点。它们是我们更深层次工作的结果。它们也是评估我们表现如何以及提示我们哪些方面可能需要更仔细了解的"引领指标"。它们最终是我们试图发展的东西，但它们实际上仅仅是冰山展露的尖角，水面下深藏的是一个庞然大物。

七个维度：觉醒领导力光谱

在我最小的孙子出生后，我和妻子买了一款床铃挂在他婴儿房的窗户旁边，刚好在婴儿床的上方。这款床铃由当地一位艺术家制作，上面用钓鱼线悬挂着以抛光香桃木制成的各种动物，它们环绕着一个水晶球。令我们的小孙子高兴的是，窗外的晨光透过水晶球，将彩虹一般的图案投射在婴儿房的所有墙壁和天花板上。这是一个神奇的景象，你在自己的生活中很可能有过如此经历。

光和水晶球的相互作用可以完美地比喻内在核心和外在核心之间的动态过程。在我的整本书以及本章一直探讨的模型里，我都会用到这个比喻。我们的内在核心是水晶球，由我们的品格、根深蒂固的价值观、自我概念和信念组成。外在核心，也就是世界所看到的我们的品格、技能和能力投射到周围一切事物上的颜色模式。

这种动态过程的核心是觉醒领导力的七个维度。它们渗透于水晶球之中，影响着我们周围墙壁上色彩图案的形状和变化。我们将在本书剩余部分探索以下七个维度。

1 非同凡"想"，目光远大

2 勇于示弱

3 应得心态还是责任心态

4 利用天赋，弥补差距

5 勇于自豪、激情和精确地行动

6 专注当下，保持警觉

7 修正航向

把七个维度中的每一个都想象成内在核心和外在核心的对应部分，将它们结合在一起形成结缔组织。这些独特的性质共同构成了伟大领导力的真正本质。所有这七个维度都是让我们更好理解内在核心的通道，它们还是一个放大器，通过我们的行动使我们发出的光更美丽、更有活力、更强大。

图1.3显示了构成觉醒领导力的七个维度。如你所见，每个维度都根植于内在核心，并展现于外在核心。每个维度本身都代表着一个可以去实现、掌握和优化的目标，并以此为基础积极地改变自己，成为一个更优秀的领导者和更好的人。有趣的是，这七个维度也代表了一条通路，你可以选择这条通路做出积极的转变并持续进展。这七个维度代表了在许多方面你要成为一个伟大的领导者必须具备的"心态改变"。

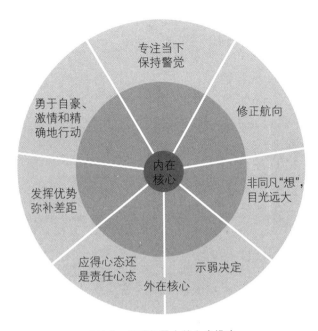

图1.3 觉醒领导力的七个维度

在接下来的七章，我们将依次对七个维度进行探索。每一章都将向你展示各个维度的样子，以及你如何应用它来发展自己的领导力思维。当我们探索各个维度时，我们会发现它们如何根植于我们的内在核心，以及如何推动我们展现不断成长的卓越领导力。通过发展你自己的各个维度，你不仅会对内在核心中有利或不利的方面有更深刻、更丰富的理解，还会扩展你的能力，将你的发现转化为可操作的行动，从而强化你的外在核心。最终，唯有这七个维度——以及你在发展这七个维度中的勤奋程度——才能塑造、定义和决定你作为一个人和领导者的成功与否。

假装直到你成功

小时候打篮球时，我最喜欢的一个教练在给球队介绍新技术时总是说，"假装直到你成功"。它的基本意思是，你假装好像能做某事，直到你真的能做到为止。甚至在你掌握某项新技能之前，你就已经把自己归于已掌握这项技能的人的那种心态，这会加速你的转变过程。

这些年来，我逐渐认识到这种教练方法的明智之处，并发现它不仅仅适用于学习如何打出曲线球。

因此，在这本书的每一章里，我都将向你讲述我所说的"激发行为"，你可以将这些行为付诸实践，以便开始真正掌握觉醒领导力各个维度的思维方式。

这些行为会帮助你积极地改变你的内在核心（有时改变会大一些，有时改变会小一些），它们都会反映你试图完成伟大领导力心态转变的努力。这个过程最初可能会不舒服，因为你对所做的事情感觉不自然。但是随着时间的推移，当你继续以新的积极的方式行动时，你不假思索就能发现你正被一种觉醒领导力心态所驱使，你的表现开始变得自然，并逐渐对周围的人产生影响。

Thinking Differently, Thinking Big

第二章

非同凡"想"，目光远大

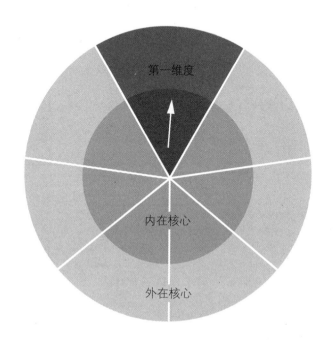

当你阅读这一章的标题时，你可能会想到史蒂夫·乔布斯和苹果电脑1997年的经典广告。如果那时你还没到记住这个广告的年龄，请上网搜索一下吧，这个广告被许多人认为是有史以来最伟大的营销活动。这场活动中最重要的电视广告标志着乔布斯在离开苹果15年后重新返回，广告播放了一系列历史伟人的片段——爱因斯坦、迪伦、埃尔哈特、马丁·路德·金、列侬、阿里，并配上这样的声音："只有那些疯狂到认为自己可以改变世界的人，才是真正改变世界的人。"当屏幕变黑时，"Think Different（非同凡'想'）"这几个字伴随着苹果Mac的标志一起出现，然后一片沉默。

即使时至今日，它仍是一条强有力的信息。在当时，它是革命性的。

当乔布斯在他的一次标志性"发布会"上首次播放这条广告时，全场所有人都起立鼓掌。但在那时候，人们并没有料到"非同凡'想'"这个口号最终将成为苹果品牌的代名词，并塑造了一家为我们带来历史上最具革命性技术的公司的精神气质。对于许多人来说，"非同凡'想'"已经成为21世纪领导力的一个基本品质——对于其他人来说，这成为一种生活方式。

因此，我必须给乔布斯和20世纪90年代末的苹果营销团队一些荣誉，因为他们激发了觉醒领导力的第一个维度。但我并不是随随便便从他们那里挑选领导力的范例，我从乔布斯身上懂得了"非同凡'想'"和"目光远大"的力量。

2010年，我有幸作为领导力教练与史蒂夫共事。在他晚年的时候，他开始思考他的遗产。他想让我帮助他深入自己的内心深处，这样他就能确保在去世前对这个世界——他的家人、朋友、公司，等等——产生最大的影响。

坦白地讲，虽然乔布斯聘用我做他的领导力教练，但是我从他身上学到的东西比他从我身上学到的东西还要多。这不足为奇，因为乔布斯被认为是他那一代人中最聪明、最有影响力的人之一。但给我印象至深的并不是他的才华，而是他感受到的造就其职业生涯的巨大使命感。我永远不会忘记我与他之间的一次交流——那次交流最终促成我自身领导力发展模式的形成。

"马托尼，"他说（在我们的谈话中他从未叫我的名字，而是直呼我的姓"马托尼"），"我想告诉你一些我以前很少和人分享的事情。"他引起了我的注意。他继续说道："你还记得'非同凡"想"'这个广告吧？"

"当然。"我说。

"嗯，那个广告肯定是围绕着重新推出苹果品牌和销售我们的产品展开的，但那天当我上台演讲时，我的话在很多方面都具有象征意义。"

我很吃惊，问他："你说的'象征意义'是什么意思？"他的回答让我战栗。他这样讲述道："我知道这是我唯一的机会，不仅要与我在苹果公司的员工分享，而且还要与整个世界分享我在离开公司的15年中所学到的一切。在那段时间里，我做了大量的自我反省，并且作为一个领导者和一个人都有了巨大的成长。我学到的东西成了苹果公司赖以建立的关键信条之一：如果你想在个人生活或企业中获得不同的结果——如果这是你所信奉的愿景——那么你必须要有勇气走出舒适区，打破自己。你必须心怀远大抱负，愿意为世界做出贡献。"

对乔布斯来说，"非同凡'想'"更像是精神上的顿悟，而不是营销口号。他向我透露，那场营销活动只是一个与世界分享顿悟的借口。它成功了。整整一代人都受到了启发，不仅仅是因为苹果产品的卓越，还因为乔布斯在那一天所展示出来的哲学思想。

"非同凡'想'"和"目光远大"已经成为我工作的基石，因为我一次又一次地发现，如果你想成为一个真正伟大的领导者，一切都要从你自己的心态开始。如果你真的想变得更强、变得更好、变得与众不同，那么你不可避免地要改变你的思维方式。你必须对自己和世界抱有更广阔的视野，在这个改变过程中，你可能不得不抛弃一些过于陈旧和狭隘的思维方式。你必须愿意比以前更有不同的想法，比以前更有远大的志向。

这种洞察是踏上觉醒领导力之旅的第一步。这就是为什么我把它作为觉醒领导力的第一个维度。它是成为一个真正伟大的领导者不容置疑的原则。

在这一章里，我们将解释什么是"非同凡'想'"和"目光远大"，为什么它们对强大的领导力如此重要，以及你如何在自己的生活中开始接受这种心态。

成为榜样

在这本书的开头，我们简单地将领导力定义为"他人效仿的榜样"。伟大领导者吸引他人的品质之一是他们敢于跳出框框思考的能力——无论对于一个项目、一家公司，还是对于整个国家所一直存在的问题，他们都能想出创新的解决方法，从而改变原有计划的进程。不管你在什么环境下工作，能够质疑"现状"将有助于为你的团队定下基调。如果你努力改变自己的想法，你就会鼓励周围的人也这样做。你将建立一种不断创新和进步的文化。

史蒂夫·乔布斯当然是这种品质的完美范例。他有一种不可思议的能力，能够以用户的视角来思考技术的进步，这是人机界面的核心，而他的许多竞争对手却忽视了这一点或没有充分重视。他致力于通过技术赋予个人权力，永久改变游戏规则，带给我们从PC、iPod到智能手机的一切变化。他不怕自己的想法与别人不一样，他由此改变了整个世界。

"非同凡'想'"在当今世界变得如此迷人，部分归功于乔布斯。谁不想成为创新者或变革思想家？但是"非同凡'想'"的一个关键是，当你的想法不受欢迎时，要有巨大的勇气和坚强的品格来支持它们。从定义上来说，"非同凡'想'"会让你直接与现状发生冲突。你可能听说过奥克兰运动家棒球队的故事，21世纪初由布拉德·皮特主演的电影《点球成金》讲述的就是这个故事。传奇总经理比利·比恩以其打破常规的思维永远改变了棒球运动。奥克兰运动家棒球队在2002年处于无足轻重的边缘，预算很少，阵容更差。比恩和一个鲜为人知的耶鲁经济学毕业生彼得·布兰德（在电影中由乔纳·希尔扮演）合作，他以复杂的数学和统计学为基础，采取激进的方法来招募新的人才。不出所料，由于比恩大规模应用布兰德的方法，他面临来自教练和球员、总经理同事、体育媒体甚至球迷的强烈抵制。但是比恩坚持自己的直觉，毫不妥协，在赛季结束时，他带领他最有希望的球队进入了季后赛。他愿意有不同的想法，并坚持这种想法，最终改变了整个职业棒球文化。

然而，"非同凡'想'"的思维模式在顶级商业领导者中并不像你想象的那样普遍。阿弗拉·莱拉基是我的一位来自希腊的高管教练同事，她的大部分职业生涯都在从事人力资源开发和跨行业的企业沟通工作。她发现，与她共事的大多数首席执行官都害怕用不同的方式思考。虽然他们都是很强大的人，具有很多非凡的领导力素质，但他们在思想上往往更加保守。

这很有道理。当你处于一个权威的位置上时，你的肩膀上会有巨大的压力和责任。这些压力和责任来自你的投资者、董事会、员工、顾客和客户。你不想犯错，因为有太多事情取决于你的决策。因此，首席执行官往往非常不乐意看到风险。只要工作进展顺利，利润朝着正确的方向发展，就没有大问题，最合理的前进之路似乎就是保持工作的稳定和持续。

当然，这种偏保守的心态很有价值。作为一名领导者，你不能总是扰乱和挑战现状。你必须为你的团队创造一些稳定性。基于时间检验的要素持续建设真正有效的战略和体系也很重要。但是，如果你不能不时加入一些干扰因素，并让自己对新的想法、机会和业务模式保持开放，你一定会变得过时和落后。

心怀远大愿景

1961年5月25日，约翰·肯尼迪总统在美国国会发表演讲时，提出了一个大胆的主张：到20世纪末，美国将把人类送上月球。这是一个激进的声明，遭到了很多质疑。当时，美国太空计划的发展速度还不足以实现如此巨大的目标，远远落后于冷战时期的对手苏联，也很少有人认为它能实现。但是肯尼迪无疑得到了他的顾问们的支持，看到了阿波罗计划的另一种可能性。通过在那一天做出这样的公开声明，他令一个具有象征意义的赌注掷地有声，并将动员必要的政治、经济和财政资源来实现这个看似不可能的目标。八年后，就在他所在的时代结束之前，当尼尔·阿姆斯特朗在全世界的瞩目下踏上月球迈出第一步时，肯尼迪的梦想变成了现实。

肯尼迪像许多伟大的领导者一样，懂得为了创造新事物而抱有远大理想的力量。这是觉醒领导力的关键维度之一：如果你想领导，你就需要有能力激励人们在更大的背景下思考他们自己、他们的生活以及他们的工作。你必须至少在某种程度上培养一种能力，创造一个可以让其他人为自己定位的支配性目标。

这需要巨大的个人勇气。目光远大会让人们远离舒适区，这可能会让人感到害怕。不管承认与否，大多数人对"目光远大"并不感兴趣。他们安于现状，满足于获得基本的安全感，只愿简单地过自己的生活，而不想追求更有意义的结果。甚至单单"目光远大"的想法也能让他们的头发竖起来。试着想象一下你的宏大愿景——变得非常成功，追求一个一直未能实现的梦想，或者在生活的某个领域把你的领导力提升到新水平。我敢打赌，你至少有一些害怕你所拥有的愿景——你自己或多或少绝对不想与你正想象的成功或改变有任何关系。

如果你发现任何人都对"目光远大"有抵触，那也没关系。这是自然的反应。安于现状不仅仅是社会或组织中"普遍存在"的思想，这也是我们每个人内心的想法。在许多情况下，这是人从内心发出的有用的声音。正是这种对混乱和未知产生的有益健康的恐惧感让我们脚踏实地。这是一条精妙的舒适和稳定之路，它让我们的世界变得可能。

但是，如果你想成为一名领导者，你需要懂得为什么你会对"目光远大"产生恐惧感，并在某个时刻要克服这种恐惧感而断然采取行动。不管是为了你自己还是为了更远大的抱负，你必须有勇气抛出你自己的"人类登月"宣言，然后集中一切资源去实现它。

> ❏ **持久战**
>
> "目光远大"的一个重要内涵是，在处理任何组织或活动的日常工作时，要拥有一种看得更长远的能力。这对于实施你自己的"阿波罗计划"以及坦然面对不可避免的挫折、审查和抵制时至关重要。亚马逊首席执行官杰夫·贝佐斯对于长远思考有着强有力的观点，他在 2011 年接受《美国新闻与世界报道》采访时与大卫·拉格瑟分享了这一观点：

> 我个人认为，每个公司都需要目光远大。如果你准备实施长远的计划，你必须愿意保持"埋头工作"的状态，忽略一系列的批评，甚至善意的批评。如果你不愿意在很长一段时间被人误解，那么你就无法实施长远的计划。因为我们已经很多次这样做了，并且已经取得了成功，我们内部有足够的故事可以告诉自己保持目光远大。当穿越沙漠时，我们可能会口渴，但我们真诚地相信在沙漠的另一头有一片绿洲。

你的志向有多大

在这一点上，我希望你开始思考你在多大程度上体现了"非同凡'想'"和"目光远大"的品质。以我的经验来看，这种反思可以朝着几个不同的方向发展。一方面，你可能已经认为自己是那种不怕打破常规或者为团队创造远大愿景的领导者；在我给出的例子中，你可能会很多次看到你自己。另一方面，你可能会感到有些害怕，觉得这与你不相符。或者你可能感觉两者都有。

不管是哪种情况，如果你想在自己身上培养这种领导力，或者放大你已经体现出的品质，进行一些反思是很重要的。

下面介绍一系列品质和行为，它们通常与"非同凡'想'"和"目光远大"联系在一起。这些品质和行为是你在多大程度上体现了这种领导力的"引领指标"，旨在帮助你评估自己，这样你就可以确定在哪些领域需要改进。它们也是你可以马上付诸实践的行动，有助于拓展你的思维方式。

当你阅读以下内容的时候，我鼓励你思考一下有多少行为你做到了或者你一直没有展示出来。当你认真学习完后，请联系你的支持网络，询问他们是否同意你的评估。

留出时间专注于思考

扩展你思考能力的一个关键是留出时间专注地做一件事：思考。我说的是在没有竞争刺激、注意力不会分散和受到干扰的时间，这时你可以让你的思维自由飞翔，专注于你日常生活需求以外的事情。

在这段时间里，你可以把思维专注于未来——想象一个比现在更有吸引力的新未来。在你的脑海中，具体地分离出一个新的令人信服的目标、追求和愿景。

大多数人从来不抓住机会以新的方式思考未来，因为他们深陷于现在的需求或过去的遗憾之中。但是成为一个"目光远大"的人的一个关键，是留出时间来坚持不懈地——每天、每周或者每月——思索自己的远大抱负。有很多方法可以做到这一点——散步、冥想，或者只是静静地坐在办公室或家里。你可以找到最适合你的方法。我最好的想法诞生在长途飞行中。我从不看电影或听音乐。我强调要完全"拔掉插头"，这样可以完全理清我的思路，让我可以自由思考。

对所有潜在的想法和机会保持开放

对"目光远大"最常见的限制因素之一是，许多人不得不过早地放弃潜在的机会。这就是为什么当谈到新想法时，养成先说"肯定"再说"否定"的习惯是如此重要。这适用于来自他人和自己的想法。

2016年，我接到了博茨瓦纳首都哈博罗内的一家人力资源咨询公司的电话。他们想邀请我花三天时间来教他们的合作伙伴我所知道的有关高管教练的一切。我不愿意去，因为我担心他们付不起我的课程费用。几年前，我曾在博茨瓦纳接受了一份临时工作，被少算了一半的课程费用，所以我这次很有保留。但我也有一种直觉——它对我来说很重要。于是我冒险接受了这份工作。

当时，我的教练方法和理念从来没有被整合到一起。由于没有全面的"觉醒领导者"手册或书籍，我知道我需要一本书来有效地培训这家人力资源咨询公司的合作伙伴。因此，我投入了这项工作，把所有这些方法和理念都整合在一起，最终得到了一本600页的手册。它一点也不完美，但博茨瓦纳的团队发现它非常有用。这给了我一个想法。如果我能进一步改进教材，我就能创建一个培训和认证教练的一整套方法，使其变得更加有效。我就这样做了。

这种最初的经历最终导致了我的觉醒领导力高管教练认证计划的发展，它已经成为我的业务和品牌中最成功的要素。自2017年3月以来，我已经亲自指导和认证了来自47个不同国家的400多名教练，而我们才刚刚开始。

我讲这个故事不是为了给你留下深刻印象，而是让你明白保持开放有多么重要。如果我只是简单地将博茨瓦纳的工作视为"死胡同"，我就不会有动力开始我的教练培训计划。因为我对看不到的可能性保持开放态度，所以我遇到了一个改变我职业生涯的重要机会。

专注于现实性和可行性

当你在体验如何才能真正做到"非同凡'想'"和"目光远大"时，让你的思想自由飞翔十分重要，至少在最初是如此。但是最终，你要朝着可以在现实世界中付诸行动的想法和观点前进。任何想法，无论多么具有革命性，都只有在可行的情况下才是好的。如果你不坚持这个标准，你的"目光远大"实际上不会有任何进展，你会变得愤世嫉俗。

所以，对于你的新想法和未来行动路线，当你考虑它们是否可行时，一定要把它们分成几个小部分，直到你觉得每一小部分都可行。当遇到新问题时，你要考虑几个现实的解决方案。与表面上看起来的相反，严格对待你的伟大想法不会限制你，它将为产生新的现实性提供坚实的基础。

与别人交换你的想法

"三个臭皮匠顶个诸葛亮"这句古老的格言尤其适用于"目光远大"。根据我的经验，最好的想法往往是通过与他人交流产生的。当你和一个或更多的人交换你的想法时，会产生一种"点石成金"的神秘效果。他们可以带来不同的视角，当与你自己的视角放在一起时，可以创造出你自己意想不到的新角度和可能性。

因此，当你试图做到"非同凡'想'"和"目光远大"时，请与你最信任的利益相关者分享你的想法，这至少在最初是非常宝贵的。当然，这肯定会伴随着挑战。你需要有足够的成熟心理来有效处理建设性的反馈。你需要能在某种程度上控制你的自负，这样才能让你的想法变得比你最初想象的更加强大。

在大背景下开始思考

既然你已经有机会反思自己是否有能力做到"非同凡'想'"和"目光远大"，那你可能想知道你能做些什么来培养自己的这些能力。即使你认为自己在这个维度上已经很强大——即你是一个突破性的思想者和有远见者——而其他人也是这样看待你的，你也要经常寻找空间放大这些品质，以产生更大的影响。但问题是，如何做到呢？

当人们试图应用这个维度的觉醒领导力方法时，他们犯的最大错误是认为他们需要将自己的行为方式转变成某种新的行为方式。于是他们的思维会立即转向战略性方式，他们会在个人生活或工作中跳出框架来思考，或者坐下来尽力想象他们的生活或公司可能达成的最大愿景。

这些当然是自然反应。它们也很有用，但程度有限。像觉醒领导力的许多维度一样，"非同凡'想'"和"目光远大"要求你在更深的外在核心行为层次上工作，并深入你的内在核心。这就是史蒂夫·乔布斯在2015年深刻的自我反省中所做的，他在革命性地回归苹果的道路上做了这些。通往你内在核心的道路与我所说的"核心目标"是联系在一起的。

我所说的"核心目标"是什么意思？说到觉醒领导力，理解你的核心目标是目光远大的最终形式。首先要问自己真正重要的问题：

- 我为什么在这里？

- 我生长在这个地球上，需要为它做什么？

- 我给这个世界的独特礼物是什么？

努力实现你的核心目标意味着你需要将生活和个人追求抛向尽可能最强大和最光明的一面。从这里，你可以看到自己巨大的潜力——也可以看到自己在不知不觉中抑制这种潜力的许多方式。

❑ 亿亿万万

当我为自己在宇宙中的位置寻找更大的视角时，我喜欢从已故天文学家卡尔·萨根的书中寻找一些文字。萨根倾向于用一种与我们的生活息息相关的方式来形容宇宙不可思议的浩瀚无边，他的名言"亿亿万万"描述了宇宙中难以计数的恒星，激励了一代人带着新的敬畏和惊奇将目光投向宇宙深处。

为了更深刻地感受人生的目的感，我喜欢的一个方法是花些时间仰望夜空，思考我们都漂浮在一颗无法想象的大宇宙中的小行星上。这使那一刻从时间和空间角度看起来弥足珍贵，这会令我短暂的一生更加聚焦、清晰和有意义。

这听起来可能有些做作，但这种沉思是有效的。你可能有不同的方法来扩展你的视角，或者你有经过时间检验的方法，将你的经验与更大的视角连接。你具体做什么并不重要，只要你努力跳出自己，在最大可能的背景下来看待你的人生。

这种探究可能一开始很有挑战性，因为我们大多数人并不习惯在如此大的背景下思考自己或我们的生活。许多人避免问这些问题，因为他们害怕会有什么发现。我曾与许多60多岁的成功高管共事过，他们以前从未问过自己这些问题。他们要么从未考虑过要这样做，要么在某种程度上一直在回避这些问题，因为害怕答案所指引的地方。

这就是变化的悖论。在某种程度上，我们都渴望变得更强，发挥我们的潜力，并对世界产生巨大影响。但是在另一个层面上，我们非常害怕这种变化会给我们的生活带来破坏。许多人比他们意识到的或愿意承认的更沉迷于现状,并且常常对将将富足的生活感到舒适。

事实是,我们需要更多愿意问这些具有挑战性问题的领导者。为了我们自己,我们需要问这些问题,但更重要的是,为了依赖我们的家庭、团队、组织,我们也需要问这些问题。如果你真的想成为一个对你周围的世界能产生真正积极影响的人,那么你需要深入到这一步。回报是非常值得的。上文提到的我的那些以前从未做过这种调查的高管客户,由于敢于在这种大背景下思考自己的生活,已经品尝到了丰厚的成果。他们发现了自己隐藏了一生的天赋和力量。

通过这项调查,你是否能够看到乔布斯"非同凡'想'"广告中所体现的精神?你是否能够创造你自己的"阿波罗计划"?那些深深了解"我是谁"以及"我为什么在这里"的人清楚地知道,他们能够穿越来自内部或外部的任何形式的阻力。这是成为真正独立思考者和领导者的关键。不管现状如何,"目标驱动型"领导者总是拥有一个指引他们所有行动的前进方向,以及一个让他们能够表达自己独特观点和天赋的坚实的内在基础。

因此,让我来问你:你知道你的人生目的是什么吗?你知道你来到这个世界需要做什么吗?

不要让远大志向使你变得自高自大

我相信每个人的品质——包括觉醒领导力的维度——都有健康和不健康的表现。觉醒领导力的每个维度都应该与所有其他维度保持平衡,这样每一个品质就不会被夸大。"过犹不及"这句老话说的就是这个道理。在后面的章节里，我们将探索觉醒领导力的各个维度如何相互作用，以创造一种强有力的领导力展现。我们还将重点介绍当出现不平衡情况时，如何在每个维度中找出潜在的陷阱。

例如，过多地使自己做到"非同凡'想'"和"目光远大"会导致傲慢和无法建立牢固的关系。史蒂夫·乔布斯他自己就体现了"目光远大"的优点和缺点。他有时不愿意妥协，这使他很难共事。乔布斯强烈要求自己始终做到"非同凡'想'"，这通常会产生一种优越感，并让他置身于职业生涯中的众多关系之外。据许多媒体报道，他激发人们拼命工作，往往是为了追求远大的理想，这导致他在1985年被苹果公司解雇。如果你过分专注于你的远大理想，而忽略了实现这一愿景所需的重要细节和关系，那么你会发现自己处于与乔布斯相似的处境。

因此，当你实践这个维度的觉醒领导力时，一定要约束好你的自负。注意你的"目光远大"是如何影响他人的，并觉察你潜在的动机。一个明显的迹象表明，远大的志向会让你变得自高自大，你开始更感兴趣于表现自己是一个有新想法的人，而不是表达想法本身。你可能会难以接受那些不是来自你的宏大而创新的想法，并且会对其他正在实践这个维度觉醒领导力的人有竞争心理。

不要担心——这种倾向是很自然的，如果你发现你的自负造成了妨碍，这很容易纠正。如果你看到任何消极的后果开始出现，你只需要保持警觉，然后重新校准。尽你所能让自己保持谦逊。回看一下你的《核心使命声明》，问问你自己，你现在的行为是否与那个宏大的愿景一致。觉醒领导力的其他维度也可以帮助你保持谦逊，尤其是接下来的两个维度："勇于示弱"和"责任心态"。正如我们将在后文所探讨的，当把这三个维度结合起来练习时，它们将为自信、力量和谦逊创造出强大的平衡，从而增强你的领导力。

练习：创建你的《核心使命声明》

为了帮助你了解自己更深层次的目标，我想向你介绍一个我和所有客户在初始阶段一起做的练习：创建一个《核心使命声明》。这是对你能表达的最宏大和最根本愿景的简单描述。你的《核心使命声明》应重点写清楚你想成为什么样的人，你想发展什么品质，你想取得什么成就，你想做出什么贡献。你的《核心使命声明》意味着它将成为你的个人宪章，你将毕生基于它做出许多简单而深刻的决定。

创建《核心使命声明》实际上很常见。以下是一些成功的首席执行官的优秀范例：

- 金宝汤公司首席执行官丹尼斯·莫里森：作为一名领导者，过着平衡的生活，并运用道德原则做出重大改变。

- 赫氏家庭娱乐公司首席执行官乔尔·曼比：我把个人成功定义为与我个人的使命一致：爱上帝，爱他人。

- 奥普拉·温弗瑞网络创始人奥普拉·温弗瑞：成为一位以激励我的学生超越他们想象的知名教师。

- 维珍集团创始人理查德·布兰森爵士：享受人生乐趣，吸取自身教训。

- 黛莱坞网站创始人阿曼达·斯坦伯格：用我的智慧、魅力和持续乐观的天赋来培养全世界女性的自我价值和净值。

在上述范例中，核心使命都只有一个句子，但一个有效的《核心使命声明》却可以由几个词语组成，也可以由几页纸组成。它可以用诗歌、散文、音乐或艺术形式来表达。为了让你了解《核心使命声明》的不同类型，下面是我自己写的：

我想发展我的自知、自爱和自我接纳的能力。我想用我的治愈天赋来保持希望，并在言语和行动中勇敢地表达我的愿景。在家庭中，我想建立健康友爱的关系，让彼此成为最好的自己。在工作中，我想建立一个没有过失、自我延续的学习环境。在这个世界上，我想培育所有生命形式的发展，并使它们与自然规律相和谐。我的行事方式要能展现我最好的一面，我所做的事情必须对我来说很重要，尤其是在最有理由不这样做的时候。

既然你已经看到了《核心使命声明》的一些范例，现在该为你自己创建一份了。为了指导你完成这个过程，我归纳了一系列问题，它们将有助于完善你的《核心使命声明》。在起草初稿之前，请尽可能完整地回答这些问题。

当你做这个练习时，很重要的一点是你不要变得不知所措，或者认为有必要把它写得完美无缺。写一份强大的《核心使命声明》并不是一件需要接受检查的"必做之事"。这是一份持续更新的文件。你必须思考它、记住它、检查它、更新它，并把它写在你的心里。

为了帮助你开始，请问自己以下问题：

- 我一生中真正想成为什么人并有什么作为？

- 我最大的优势是什么？

- 我想怎样被人们记住？

- 谁对我的人生产生最大的积极影响？

- 我一生中最快乐的时刻是什么？

- 如果我有无限的时间和资源，我会做什么？

- 如果我在职业生涯中做一件事会产生最积极的影响，那会是什么？

- 如果我在个人生活中做一件事会产生最积极的影响，那会是什么？

- 对我来说最重要的三四件事是什么？

- 我怎样才能对世界做出最好的贡献？

时光飞逝。想象你的生命即将终结。在人生旅途中，你曾经被亲人、朋友和同事包围着。此时，他们一个接一个地俯身向你低诉最后的话。

- 每个人会对你低声说什么？

- 你对他们的人生有什么影响？

- 你会因什么品质或品格而被铭记？

- 他们会提到你的哪些杰出贡献？

至此，你已经完成了预备问题，现在准备好写一份《核心使命声明》的草稿了。同样，你的核心使命声明可以短到一个句子，也可以长达一页纸，可以以对你最有价值的任何形式。先写一份草稿，然后把它搁置一段时间。过几天或一周再回来，用新的眼光检查它。必要时做出调整，并根据需要随时回来更新。

这个练习是你能做到的连接你内在核心的最重要的事情之一，这是你的领导潜力和个人潜力的来源。如果你认真对待它，你会发现，在这个过程中，你开始自然地到达觉醒领导力的第一个维度，并展示出"非同凡'想'"的心态，这种心态在历史上曾驱动过许多伟大的领导者。试试看，我保证你会对结果感到满意。

The Vulnerability Decision

第三章

勇于示弱

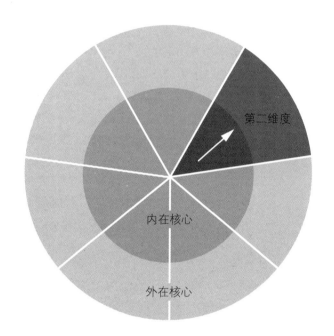

当我还是个孩子的时候，约翰·韦恩是这个国家最著名的电影明星之一。被称为"公爵"的他，在20世纪30年代末到60年代的无数西部片和战争电影中扮演了英雄式的主角，并在美国偶像的万神殿中巩固了自己作为终极强人的地位。他的影响力如此之广，以至于他的名字在很多方面都成了"男人中的男人"的代名词，意思是用强硬和恐吓来获得他想要的东西，坚持自己的思想和感情，并且从不示弱。

在他2014年的传记《约翰·韦恩：生活与传奇》中，斯科特·艾曼讲述了一个故事，完美地诠释了韦恩在社会中扮演的角色（在某些方面，他还会继续扮演）。据报道，在1957年的一次聚会上，韦恩遇到了他的演员同伴柯克·道格拉斯，一个因电影《斯巴达克斯》而出名的"硬汉"。韦恩对道格拉斯决定在电影《生活的欲望》中扮演文森特·梵高的角色感到不安，因为梵高是一位代表男性更敏感一面的艺术家。据传他说："天哪，柯克，你怎么能扮演那样的角色？我们的时间所剩不多了。我们必须扮演强壮、坚韧的角色。"对"公爵"来说，强壮和坚韧是他毕生建立、保持并最终激励数百万粉丝的形象的一部分。

"约翰·韦恩心态"深深地融入了美国文化，以至于几代人——无论男女——即使从未看过他的任何一部电影，也会被他的硬汉生活方式所影响。在社会中，这种心态对领导力——尤其是企业领导力——的影响无与伦比。事实上，与我共事的大多数首席执行官都毕业于"约翰·韦恩领导力学院"——从不说废话，不惜一切代价保持强硬，从不表现出软弱或脆弱。甚至许多担任领导职务的女性也不得不采用"强人"的方式来管理自己的团队和组织。这被认为是成为领导者的黄金标准。

然而，我发现开启真正伟大领导力最重要的钥匙之一是示弱，这在某种程度上与"约翰·韦恩心态"完全相反。没错！我说的是愿意敞开心扉，展示你手中的牌，接受建议，承认你的错误，让自己容易受到他人的伤害。这种行为可能会让约翰·韦恩"死不瞑目"，但以我的经验来看，我发现愿意示弱正是开启真正伟大领导力的关键。

这个维度的觉醒领导力呈现出一种许多领导者都不理解的悖论，但最伟大的领导者都深深懂得：示弱不会让你变得软弱，正如世界上许许多多的"约翰·韦恩们"可能认为的那样。示弱会让你变得更强大。它会为你自己和你的团队打开你从未想过的新的可能性。它将在你的团队成员中建立信任。或许与直觉相反，它可以让你不受管理团队、公司或组织的众多攻击。

我并不是说约翰·韦恩式的领导力心态完全错误，事实上，硬汉方法中有许多要素对于强有力的领导力十分重要。例如，领导者有时候需要坚持自己的直觉，并与周围的人直接对抗。然而，如果使用得当，示弱就会成为一个强大的工具，即使是最坚强的人也可以利用它来让自己成为更强的领导者或个体。我说的不是那种遇袭后的脆弱：在压力面前屈服，或者被意外的问题或危机搞得措手不及，这不是示弱。我说的是有意识地打开心扉。这就是为什么我把这个维度的觉醒领导力称为"勇于示弱"。作为一名领导者，这是一个有意识的选择，它让你谦卑下来，虚心接受他人的反馈，并寻找你还没有得到的答案。

选择示弱

我不得不承认一些事情——我跟你开了个小玩笑。虽然"非同凡'想'"和"目光远大"是觉醒领导力整个转变过程的第一个维度，但"勇于示弱"才是最重要的。但为什么我把它放在第二位？因为"非同凡'想'"和"目光远大"是一个更迷人的概念，也是一个更多人倾向于与伟大领导力联系在一起的概念。它咄咄逼人，而且似乎不像示弱那样会威胁到领导者。"非同凡'想'"和"目光远大"有助于将你吸引到整个觉醒领导力转变的过程中，并明白它有可能成为你生活中真正的革命性力量。此外，它还有助于你为自己想要成为的领导者树立远大的愿景。

但正是由于"勇于示弱"，柔软的轮胎才能在坚硬的路面上真正发挥作用。几乎每一个与我共事的高管都认为这是我们合作中最有力的要素。他们倾向于约翰·韦恩式的领导力，并且经常处于一种无意识的假设之下，即示弱等于软弱。所以他们已经走到了职业生涯的终点，他们中的大多数人本来可以走得更远，如果有的话，是因为他们做到了示弱。因此，他们在残酷的商战中生存了下来，并且茁壮成长，他们用"军衔"和战斗中留下的"伤疤"来证明这一点。

但几乎所有与我共事的高管都在发展中停滞不前，他们需要一些新的东西来迈出下一步。而下一步几乎总是通过"勇于示弱"——对我、对他们的同伴网络，最终对他们自己——来开启。这是转变过程的开始。示弱"软化"了人们，使他们有可能发生改变。在转变之旅的最后，与我共事的大多数人把功劳归于示弱，认为示弱是帮助他们将领导力提升到更高水平的最困难也是最重要的一步。

现在，让我们花些时间来探索"勇于示弱"的各个方面，以及如何在自己的生活中开始将其付诸实践。

改变之门

"没有示弱就没有改变。"这是一个大胆而真实的声明，由我的一位名叫柯蒂斯·史密斯的同事提出，他曾是一名海军军官，现在俄亥俄州经营一家企业咨询公司。在他的军队经历以及目前的公司管理经历中，他都非常熟悉约翰·韦恩式的领导方法。而且他也非常熟悉它的局限性。企业来找柯蒂斯寻求以何种方式发展，他发现——正如我所发现的——要想使为任何改变做出的努力真正奏效，示弱是第一步。

示弱的一个关键组成部分是谦逊，或者承认你自己没有找到所有的答案。对于领导者来说，这可能是一个艰难的选择，因为他们通常都非常自负。但是如果你想改变自己或你的公司，你需要表现出足够的谦逊，承认自己并不完美,承认你在品格、行为、管理风格或营造企业文化中有一些需要改进的地方。这需要示弱。

问题是改变不一定会自然而然地降临到我们身上,至少对成年人来说是这样。而小孩子就像售卖机一样每时每刻都在发生改变。他们在身体上、情感上和智力上处于快速成长的状态。想一想如果你有六个月或一年时间没有见到一个小孩,你可以预料到他们会发生很大的变化。但对成年人来说就不同。如果你两年没有联系你的一位家人或朋友,再见面时你会发现他并没有太大变化,不会让你大吃一惊。过了一定的年龄后,我们不会真正期待发生改变。事实上,一般人的大脑会在25岁左右达到完全成熟。我们的神经通路会变得不那么有韧性,而是更加僵硬。在这个人生时刻,我们被期望找到工作、选择职业、建立家庭、安定下来并正常地"长大成人"。而对于大多数成年人来说,他们在这个时期都倾向于停止积极发展。我们变得僵化——通常是出于需要或为了方便——并进入一种我们很少破坏的"舒适区"。

"勇于示弱"意在走出舒适区,让我们有可能发生改变。当向他人示弱时,我们会积极拆除我们在自己周围筑起的高墙,我们开始放松对一切可能性的固执想法,我们会向自己舒适区以外的领域敞开大门。

当然,我并不是建议回归孩子般的行为,那将是天真、适得其反和危险的。但是,在我们努力使自己有更多弱点的过程中,当改变自然而然发生时,我们可以从与自己生活的那部分联系中学到很多东西。

❑ **少见的谦逊**

　　我们已经通过马托尼领导力九型人格指数（MLEI）研究了成千上万的个人，它测量了接受评估的人在各种品格特质方面的强度和成熟度。我们的研究对象倾向于自我选择成为领导者或有抱负的领导者，因此我们多年来收集的数据显示了领导者的"心理图像"模式。在研究这些模式的过程中，我们已经能够识别出领导者具体倾向于哪些更强或更弱的特质。

　　在一个模式中，我们认为领导者的一个普遍弱点是缺少帮助者特质。这种特质使领导者对同情和帮助他人有强烈的倾向。强烈表达这种特质的领导者倾向于将他人和更大系统的需求置于自己的需求之上。在最成熟的领导者例子中，这种特质导致了一种谦逊。

　　但是在我们研究过的领导者中（超过 10 000 人参加了 MLEI 测试），我们发现帮助者特质是最不常见的，也是所有特质中最弱的。事实证明，领导者——包括那些有抱负的领导者——并不倾向于表达高度的同理心或"以他人为导向"。相反，我们发现了这种特质的许多不成熟的表达方式，即领导者可能会做一些事情来帮助别人，但总是有一种隐藏的"议题"——对回报的期望。

　　好消息是，虽然这种特质并不常见，但它有巨大的杠杆作用。当与我共事过的领导者们专注于强化这一特质时，它对他们生活的其他方面都产生了指数级的影响。他们发现，当他们能够使用真正的利他动机来帮助他人时，他们所有的其他能力都在为这个目标服务时得到了强化。正是这种特质，比其他任何东西都更能释放领导者的真正潜力。

　　如果你想发现自己帮助者特质的优势，并探索 MLEI 的其他维度，你可以打开这个链接 johnmattone.com/booktools 参加免费评估。

示弱和底线

我们之前讨论过柯蒂斯·史密斯与我分享了一个故事，这个故事不仅强调了示弱在改变过程中的重要性，还指出了示弱如何对组织的底线产生重大影响。柯蒂斯受雇于一位特别像约翰·韦恩的高管，我们姑且称他为马克。马克请柯蒂斯帮助他度过他创建和管理的金融技术公司的艰难转型期。他的公司正在经历一个充满挑战的成长阶段，需要马克做的工作越来越多，他很清楚他需要重组公司，以便将更多的责任下放给下一级管理层。所以他请来柯蒂斯帮助他。

柯蒂斯没花多长时间就诊断出了问题，而且并不像马克所希望的那样，柯蒂斯认为重组不一定是他的公司所需要的，问题出在个人。像许多公司一样，马克的公司也是建立在他这位激情创始人的血汗和泪水之上，他的根本问题是他不想放弃权力和控制力。毕竟，公司是他的宝贝，自创立公司多年以来，他几乎负责了公司日常运营的每一个环节。不管马克是否意识到这一点，他有一个潜在的假设，即没有人会做得像他一样好，所以他最好自己去做每一件事。这给公司的发展造成了巨大的瓶颈。

柯蒂斯试图让马克面对这一现实，但在一起工作了几个月后，他们一无所获。马克不能向他敞开心扉。他一生都把示弱视为弱点，现在也不想改变这一点。事实上，马克从示弱中看到的唯一价值是利用他人的这一特质以便取得成功。柯蒂斯和马克陷入了僵局。

就在放弃的边缘，柯蒂斯有了一个主意。他与马克分享了一个关于杰克·韦尔奇的故事。杰克·韦尔奇在1981—2001年间担任通用电气公司的董事长兼首席执行官，被认为是美国历史上最成功的高管之一。在20世纪90年代，同许多公司一样，通用电气也在努力适应互联网发展和普及带来的新现实。韦尔奇认识到，他的高级管理团队中的大多数成员年龄较大，在新兴的互联网世界中不太容易相处。所以他决定实施一个群体示弱的大规模实验。

他将实验称为"反向指导"。他将更年轻、更擅长使用互联网的员工与高级管理人员"配对"，这样前者就可以向后者传授新技术。这个项目非常成功。"向上"指导有助于让高级管理层对基于网络的技术有更深的理解，这对他们在迅速变化的技术环境中保持领先地位至关重要。在此过程中，两代人之间建立了牢固的联系，这又有助于促进一种自然的"向下"指导。这次实验导致了内部晋升的大幅增加。

马克听到韦尔奇的故事后改变了主意。听到地球上最有权力的首席执行官之一公开承认他和他的高级管理团队都不具备解决公司下一步发展问题的能力，然后为了解决这个问题而向下级员工示弱，这对马克产生了很大的影响。这个具体的例子说明示弱实际上可以让马克和他的公司变得更强大，这也给他吃了一颗追随韦尔奇的"定心丸"。马克开始在工作中大胆放手，并以一种可以卸下更多责任让公司实现增长的方式，敞开心扉重组公司。由于他"勇于示弱"，以及随后对大量改变的接受，他的公司在接下来的六个月里规模扩大了一倍。

事实证明，示弱不仅会让你成为更强的领导者，它还可以为你和你的组织带来非常真实、具体的结果！

承认你的缺点可以建立信任

"勇于示弱"的关键要素之一是愿意公开承认并接受自己的缺点。这可能非常困难，因为许多领导者认为这是一种弱点。他们认为这将使他们看起来容易犯错，因此他们将失去权威和尊重。但是如果以正确的方式来做，公开自己的不完美之处会产生相反的效果，最好的领导者知道如何去做。

承认你的缺点可以实现两个目标。

第一，它允许你承认你有改进的空间。如果你认为自己已经很完美了，你怎么能改变呢？如果你能超越自己，并看到自己——作为一个人和一个领导者——更多的是一件正在加工的"产品"，而不是一个最终"产品"，那么你将为自己和你的团队进入下一个层次做出必要的改变。

第二，对你的缺点保持坦诚会激发团队对你的充分信任。其实，那些和你一起工作并为你工作的人已经知道你并不完美。有趣的是，他们可能比你更熟悉你的缺点。当你公开承认自己的不完美时，它传达出你是具有自我认知的。这让人们感到轻松。没有人期望完美，如果你的同事和员工知道你意识到了自己的差距，他们会更充分地相信你会为他们负责。这听起来可能违反直觉，但确实有效。

这在公司和个人层面都是如此。以施乐前首席执行官安妮·穆尔卡西为例。当穆尔卡西在2000年接管施乐时，公司正处于水深火热之中。他们的商业模式变得不可持续，费用太高，利润率太低。作为一个主要产品是基于纸张的企业，他们正努力适应日益数字化的世界。股东们失去了信心，股价下跌了26个点，公司濒临破产。

穆尔卡西没有因为害怕破坏自己的权威而对这些基本问题保密，她选择了一种极度示弱的行为。穆尔卡西亲自会见了施乐的100名高管，对公司的可怕处境开诚布公，并请求他们支持她，帮助施乐"重新成为一家伟大的公司"。这是一个冒险的举动，但穆尔卡西认为如果她承认公司即将破产，并且只有采取果断的措施才能解决问题，那将会更加可信、更有权威。除两名高管外，所有人都选择在过渡期内留在施乐，而且大部分人至今仍留在施乐。这些勇敢的领导者在施乐最终获得成功的重塑过程中发挥着至关重要的作用。

穆尔卡西没有将她的坦诚仅限于给予她的管理团队。她发起了一场运动，尽可能多地解决客户的抱怨，她说："我会飞到任何地方，为施乐挽回任何客户。"她做到了。通过如此坦诚地与客户群沟通，她敞开心扉接受反馈，其中很多反馈在以前很难听得到。但是她成功了。她通过让客户参与施乐的重塑过程赢得了他们的信任，并获得了有关他们的担忧和未来需求的宝贵信息，这些信息被穆尔卡西和她的团队用来改造公司。

穆尔卡西很快就扭转了施乐的局面。在客户和领导团队的大力支持下——是她请求并赢得了他们的支持——她得以重塑公司的伟大，并改变了21世纪的商业模式。

创造一种示弱文化

在我2016年的著作《文化转型》中，我采访了14位当今最受尊敬的首席执行官，探讨了文化在他们组织中所扮演的角色。在我的定义中，文化是任何群体的共同价值观和指令的总和——无论是口头的还是隐含的。它是一个无形的关系矩阵，将人们联系在一起，并激发他们的工作和行为。我采访的所有首席执行官都提出一个关键见解，即领导力和组织文化之间存在直接关联，实际上是——对应的。作为领导者，你应为公司的文化定下基调，你需要为每个人树立行为和态度的榜样，这是一项巨大的责任。

示弱是你作为领导者与组织文化之间最大的杠杆点之一。我为写作《文化转型》采访了许多首席执行官，其中最令人印象深刻的是克里斯·坎尼克特纳，他是一家名为Virtusa的信息技术服务公司的董事长兼首席执行官，他对示弱的看法如下：

无论是在生活中还是在工作中，我们都能从错误中学到很多。我认为重要的是确保同样的错误不会再次发生，你要从中吸取教训并将其制度化，这样组织才能发展。我发现，当工作不顺利时，照照镜子，深刻反思自己本可以做得更好或不同，这是一个了不起的练习。这说起来容易，做起来难，因为有能力的人经常觉得失败不是他们的问题，而是别人的问题。但我相信，最优秀、最有能力的领导者首先会审视自己。他们反省并试图从错误中吸取教训。他们愿意接受他们犯了错误的事实，能够面对和承认自己的错误，这传达了最重要的领导力原则之一，即谦逊，进一步加强了领导者和团队成员之间的信任。

信任问题是关键。信任是强大组织文化的基础。就像我们上面讨论的，通过对他人示弱和坦诚，你让他们有可能信任你。事实上，我的同事琳恩·凯思卡特——一位魁北克的高管教练，发现示弱是会传染的。当她与一位首席执行官合作时，让他们与公司里的关键利益相关者面谈，以征求反馈和意见。她说他们起初犹豫不决，担心这样的行为会削弱他们的力量。一位客户甚至说："你这是要求我在我的员工面前脱光衣服。"

但是当他们遵照执行后，凯思卡特的客户发现他们员工的反应出奇的好，感到很荣幸有机会与他们的老板分享反馈。事实上，首席执行官们的示弱让他们的员工对那些敞开心扉的人产生了钦佩和敬畏。领导者以这种方式示弱所需要的勇气给员工留下了深刻的印象，这激励他们也这样做。一种示弱的文化被创造出来——在这种文化中，人们不害怕自己的不完美，愿意交流，并且无论是个人还是集体总是努力提高。

❑　不能等

在最后一章，我和大家分享了我与苹果公司创始人史蒂夫·乔布斯相遇的故事。在我和乔布斯一起共事时，我要说的是（他基本上也是这么说的）他对直到生命的最后一刻才开始与我们一起做自我反省感到遗憾。那时，他已经被诊断出患有胰腺癌，并且知道他在世的日子有限。他想利用剩下的时间来确保他的人际关系和遗产尽可能处于最佳状态。他知道他不能独自完成，或者无法深入完成。在我们的合作快结束的时候，他表达了他对与我们一起工作的感激之情，并希望他在职业生涯的早期就做了这样的探寻。他本可以在这个世界上做得更好，避免犯下某些让他在职业生涯和个人生活方面付出沉重代价的错误。

不幸的是，如乔布斯这样在人生后期才示弱的情况太普遍了。与我共事的大多数领导者都处于职业生涯的末期，几乎所有人都向我表示，他们希望自己能更早开始反省和示弱的旅程。

我提出这个不是为了制造遗憾。我这样做是为了造成一种紧迫感。没有比现在更好的时间来做你自己示弱的决定了。永远不会太晚！你可以通过寻求反馈来收集关于自己的信息，也可以通过自己的示弱来建立信任，这些都可以为漫长而有意义的旅程搭建舞台，让你作为领导者的潜力最大化。你做得越早，你就能走得越远。

你可以太过谦逊吗

像觉醒领导力的其他方面一样，示弱也有不利的一面。在试图谦卑自己的过程中，你可能会把事情做得太过，在这个过程中，你会损害自己的信心。但你不能失去信心，这对拥有优秀的领导力是绝对重要的。

我最近合作的一位客户报告说，在与我就示弱问题进行了一周的合作之后——向同事和同行寻求反馈——他感到非常缺乏信心。"我只感到难为情和脆弱，"他告诉我。他平时在工作中总是无所顾忌，十分霸道，"员工不听话，就让他走人"，但这种一直伴他走到现在的信念与让他示弱的方法相冲突，他自己也无法调和这二者。我告诉他，他需要避重就轻——不要把婴儿和洗澡水一起倒掉。他是同一个人，拥有他一直拥有的所有品质。他只是要让更多的人进入他的世界。这种观点让他同时具备了两种品质——自信和示弱。

对于那些开始让自己变得更加脆弱的人来说，这是一种常见的过度矫正。我注意到和我共事的许多领导者都有类似的倾向。他们倾向于超越目标。事实上，他们经常发现，当他们寻求他人的反馈时，他们对自己的评价要比他们接触到的人的评价低得多。他们比周围的人更在意自己的缺点。在试图接受自己的不完美时，他们倾向于过多关注自己的消极面，而忽略一些让他们成为领导者的重要特质。这种过度消极的自我意识可能是"约翰·韦恩心态"的反面。如果你对这种有意识的示弱没有太多经验，当面对你的不完美时，你反应过度是很常见的，因为有这些缺点，使你很难保持自信。

因此，对示弱采取一种平衡和细致的方法是很重要的。我们不想成为约翰·韦恩，但我们也不想成为《小熊维尼和蜂蜜树》里的小毛驴屹耳，过多地关注消极面，让自己失去信心。我们要找到所有最伟大领导者都拥有的强硬和谦逊之间令人信服的平衡。这听起来貌似不可能，但事实并非如此。当我们读到第五章"利用天赋，弥补差距"时，我们将探索如何在拥抱自己最好和最差一面的同时保持持久的自信。

练习示弱

正如我们已经讨论过的，示弱既不容易，也不常见。根据我的经验，示弱需要练习。它不是一蹴而就的。对我们大多数人来说，从不示弱往往是一种默认设置。如果我们不能经常地一点点砸掉自己周围筑起的一道道墙，那么我们将很难将这个维度的觉醒领导力付诸实践。

下面是一系列可以用来练习示弱的"激发行为"。它们是你可以马上付诸实践的行为，有助于拓展你的思维方式。它们也是你在多大程度上体现了这种领导力的"引领指标"，旨在帮助你评估自己，这样你就可以确定在哪些方面需要改进。

当你阅读这些内容的时候，我鼓励你思考一下有多少行为你做到了或者你一直没有展示出来。当你认真学习完后，请联系你的支持网络，询问他们是否同意你的评估。

花时间思考

对自己和他人来说，经常进行某种示弱练习是很重要的。我喜欢在每天结束时花15分钟来思考我的行动和互动的质量。我问自己，我的想法和情感是否积极和强烈。我评估我的行为是否反映了我的价值观，以及我是否展示了坚强的品格。

回顾完一天的工作后，我开始决定是否喜欢我的工作：有哪些工作我可以做得不同吗？这是一个示弱练习，让我处于一种开放的状态，以推动自己向前进。我发现，如果你想提高你的领导力，这是一个需要认真养成的习惯。没有固定的方法可以做到这一点——你可以使用各种方法进行自我反思。关键是要有规律地做一些事情，让自己处于反思的心态中。向更好的方向做出改变的力量总是似是而非地被激发，因为它深沉而平静地与我们的内心紧紧联系在一起。

接受反馈

反思自己的最好方法之一是从他人那里寻求反馈。你不必每天都这样做，但是偶尔花点时间来确保你与周围的人产生联系是很重要的。观察一下，你的内心世界以什么方式蔓延到他人身上？反映你内在核心的行为对你的家人、朋友和同事有正面或负面的影响吗？

当寻求反馈时，你接受他人反馈的开放程度有多大非常重要。当然，这很困难，但是面对反馈保持开放是示弱的一个关键。如果你的心态是从不示弱，那么你就永远不会成长。你可以选择接受或拒绝他人的反馈；然而，如果你拒绝他人的反馈，你也就拒绝选择一种很可能给你带来巨大成功和幸福的方式。如果你认为你可以独自地完成这个旅程，那你就错了。你需要建立一个可以帮助你完成并保持示弱的可信任之人的核心圈子。

积极主动

当你试图培养任何新的品质时，积极主动至关重要。对于示弱来说尤其如此，因为正如我们已经讨论过的，示弱的想法会带来巨大的恐惧，所以实际上让自己做到示弱需要很大的勇气。你不能等待脆弱来找你。

不要等待内部或外部的反馈强迫你变得开放。你最好采取主动。通过反思和反馈，成为自己的专家。

Having a Mindset of Entitlement versus a Mindset of Duty

―――――

第四章

应得心态还是责任心态

―――――

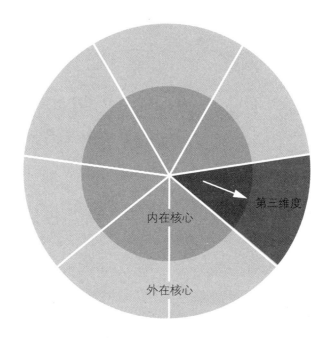

第三维度

内在核心

外在核心

我们很少有人会否认这样一个事实，即在当今社会，尤其是在西方，应得心态无处不在。大多数人每天为了生计而奔波劳碌的日子已经一去不复返了，相反，我们看到越来越多的人对自己的技能和能力有一种过度膨胀的感觉，他们认为自己哪怕只是露个面也应该得到奖励。前几代人的血汗与泪水奠定了今天许多人所享受的财富和繁荣的基础，但这些都已成为过去。没有为成功付出过，又期待拥有天赋权利，这会限制你面对挑战勤奋努力的能力。从课堂到职场，这种应得心态在任何地方都有负面影响。

应得心态在一定程度上是由正在上升的自恋情绪所推动的。圣地亚哥州立大学的心理学研究员让·特温格博士在她2009年的著作《自恋流行病：生活在权利时代》中，描绘了这种普遍的自尊自大心态的上升。她比较了1982年和2006年自恋人格调查（NPI）的结果，在此期间，超过16000名受试者回答了一系列问题来评估他们的自我中心程度。事实证明，这20年间，在NPI调查中自我中心程度很高的人数翻了一番，从1/8增加到1/4。

毫不奇怪，应得心态和自恋情绪正渗透到商界。工人们正在寻找有意义的工作，寻找他们认为可以产生影响的职位，而企业从离职率中就可以感受到这种变化。我们不再生活在大学毕业后找到工作并忠诚地待在同一家公司直到退休的日子里。罗伯特·萨菲安在他2012年被刊登在《快公司》杂志封面的文章《世代变迁》中，描绘了一幅混乱的新商业图景，人们在工作生涯中多次改变职业道路是很常见的。我们可以看到重心从公司转向个体。《快公司》杂志的成员们正在寻找帮助他们自我成长和成功的工作和公司；如果他们感到不满意，就更有可能转向新的机会。

不仅对员工如此，对高管也是如此。宾夕法尼亚州立大学教授阿里吉特·查特吉和唐纳德·汉布里克在他们为《管理科学季刊》撰写的论文《一切都是关于我：自恋的首席执行官及其对公司战略和绩效的影响》中指出，自恋在高管层呈上升趋势。哈姆布里克说："三十年前，典型的首席执行官很可能是一个稳重的、人人都喜欢的人，就像一名管家，他会把组织中的每个人团结在一起，并努力使组织保持良好的状态，为所有相关方提供令人满意的服务。而当代的首席执行官更有可能是爱冒险的人，他们浮华多彩，视自己如同名人。"的确是这样。看一下商业新闻的标题，就知道首席执行官们离开一家公司去寻找下一个更大、更光明机会的可能性有多大。换句话说，他们更多的是为了自己，而不是为了自己的组织。

　　我不得不说，在一定程度上我也错了。我毕竟是"婴儿潮"一代。我们是最初的"自我一代"——正是我们引发了自尊革命，打破了传统和制度的束缚，将个人的重要性提升到了前所未有的高度。但是，在你觉得我的思想过时，认为我向往回到人们为同一家公司工作一辈子的旧时代之前，让我告诉你，我并不守旧。我认为个人赋权的兴起对于社会来说是一个非常积极的进步。它给予我们自由去发掘潜力，过更加充实和自我实现的生活。只是随着个人赋权的增加，我们很自然地开始忽略对伟大领导力至关重要的东西：对超越自我的相互联系感和权利责任感。

　　我发现，最优秀的领导者在被赋予很高的个人权力的同时，会深入承担起一个更大系统的责任，这可以是他们的家庭、组织、国家乃至整个世界，也可以是以上的一切。这种责任心态与认为这个世界亏欠你，以及不管你有何作为你都有权享有某些权利或好处是非常不同的。后一种信念将不可避免地导致你的行为方式（也许是无意的）破坏你参与的任何项目的成功。领导者——真正的领导者——没有权利，而是被一种更大的社会服务意识所驱使，即对比他们自己更重要的事情所负有的责任感。如果你能接受这种责任心态，那么你将会拓展出领导者需要的那种更广阔的视角来带领任何组织的发展。

　　你可能已经注意到，当我描述这些驱动领导者的不同动机时，我使用了"心态"这个词。我把"心态"定义为你看待自己和世界的视角。它是你行为的基础，由你内在的核心信念和价值观塑造。这就是为什么我称觉醒领导者的第三个维度为"应得心态还是责任心态"的原因所在。这里的关键词是心态。当你踏上成为领导者的旅程时，对自己的心态有清楚的了解很重要，尤其是你想取得成功时。

诚然，有许多知名的非常成功的领导者似乎主要是为了自己的利益：他们显然是被对名誉、财富或权力的渴望所驱使。但是最伟大的领导者——那些对周围的人产生真正持久影响的人——对他们所服务的事业和人民会表现出极大的责任感。这种责任感是如何体现出来的通常很微妙，也很难看得出，但当你长期密切观察这些领导者时，你就会发现真正驱动他们的是什么。你将能够从他们长期的行为中，确定他们到底在为谁服务：他们自己，还是更大的系统。

我们将在这一章的余下内容里探索你的心态、权利诉求程度，以及责任心态在释放你的领导潜质时的影响。

看穿你的权利

许多和我一起工作的人并没有立刻意识到觉醒领导力在这一维度的价值。毕竟，很少有人认为自己是"有权利的"，尤其是那些拥有更多生活经验和积累了许多人生智慧的人。他们经常认为权利思想是年轻一代的问题。这些年轻人不理解自己有多么幸运，似乎有点"太为自己着想"。但在你快速假设自己知道什么是责任且没有应得心态之前，我建议你先深入了解一下。这个维度的觉醒领导力非常微妙。即使是我们当中最无私、最尽职尽责的人也拥有无形的权利，如果看穿了我们的权利，就能进一步释放我们的领导潜能。

以我的经验，我们所有人都有一定的基本权利。主要考虑自己和自己的需求，而忽略许多促成你人生成功的人和环境，这是人的本性。即使你是那种被生活一无所赐、不得不全靠自己的少数人之一，也可能还有其他人得到的比你还少，而不得不比你更加努力地工作。这个维度的关键不是假设你没有资格获得权利，而是让你找到拥有某种权利心态的微妙方式，如果这种心态被看清，它可能会让你成为一个更有意识、更无私、更强大的领导者。

为了帮助你发现自己的权利，让我们做一个小练习。我想让你思考你生活的各个方面：家人、工作、房子、朋友、财富、声誉。你对这些有感激之情吗？你觉得应该得到更多吗？你觉得你当前在所有这些方面的幸福或成功程度是你所过的生活和你是什么样的人的准确结果吗？

现在，让我们再深入一点，想想你的"命运抽奖"。你拥有什么样的人生？你生来富有还是贫穷？你生于什么时代和时间？活在人类历史的这一刻你心存感激吗？在人生道路上你得到过什么样的机会？在你一生的成功经历中，有多少归于你无法控制的力量？

即使你是一个少见的被生活一无所赐的人，但你却最充分地实现了它的价值，可能曾有一些重大的突破一路支持你。也许在没有人相信你的时候，有一位导师、老师或教练却相信你。也许你有非常支持你的父母，为了你让拥有更多的机会，他们牺牲了很多。

当你思考那些助你实现今日生活的各种力量时，你能感觉到你的视角有所转变吗？你开始意识到你有多么理所当然了吗？

当你开始看透自己的权利程度时，不管它们有多粗略或微妙，你都会开始对那些造就今日的你的人与环境油然而生感激之情和责任之心。

许多人做这个练习会同时感受到两点。首先，他们开始认为自己受益于许许多多很小的选择和环境因素，从他们出生于某个特定的家庭到选择上哪一所大学。他们看到，他们不仅是自己的选择的受益者，也是别人代表他们所做选择的受益者。他们开始用一种更长远的在时间上与未来相连接的视角来感受自己的生活，他们能感觉到自己生活的前进动力，就好像在所有这些选择和环境组成的波涛上冲浪一样。

其次，他们开始从更广阔的背景来看待自己的生活。他们的觉察范围扩大了，好像他们已经摆脱了个人生活中的小问题和小责任，正从60 000英尺（约合1.8千米）的高度上俯瞰自己。从这个有利的视角，他们可以将自己视为一个更宏大生命进程中的一分子，并意识到他们在这个进程中所扮演的关键角色。有时人们会意识到自己对他人——家人、同事或员工——的责任。有时人们会发现自己有能力为社会做出科学、政治或哲学上的贡献。不管具体情况如何，在这个练习中，人们经常意识到自己的生活和行为与更为广泛的社会结构之间的相互联系。具有讽刺意味的是，当人们超越自己的自我困扰时，他们开始感觉到自己生活中更重要的意义，不是吗？生活对于他们的意义不再基于一种随意的自我为重，而是基于一种感知的对周围人与环境的责任感，这是他们的一部分，也是他们成为今日的自己的动力。

你能否感觉到这些要素开始出现在你自己的视野中？这是一种责任心态，几乎是在看清你的应得心态后随即发现的。让我们再进一步探索一下。

❑ **评估你的自恋程度**

在第一章中，我向你介绍了马托尼领导力九型人格指数（MLEI），这是我开发的一个评估工具，用来帮助评估你自己的领导风格和成熟度。这些年来，成千上万的领导者（包括有抱负的领导者）都选择了 MLEI,我发现绝大多数人在自信（积极的一面）和自我中心（消极的一面）方面得分都很高。这再自然不过。许多人被评估为适合处于领导岗位，他们都有很高的自我概念。这通常是促使他们承担领导岗位的一个重要因素。

通过学习了解他们的领导风格和成熟度的各个方面，领导者能够更全面地了解自己的积极面和消极面。从这里，他们可以更好地学习如何弥补差距和利用优势（我们将在下一章进一步讨论）。

如果你想更好地了解自己的自信和自我中心水平，以及你的其他领导力素质，我建议你打开以下链接进行网上评估：johnmattone.com/booktools。

责任心态：背景决定一切

当我谈到"责任"的时候，我并不是指对某个信条或团体的盲目固守或义务。我说的是责任感。这是一种更有活力、更有意识选择的责任。这一切都是关于如何在环境中看待自己。责任心态就是一种思维角度，视自己为一个巨大轮子上的一个关键齿轮。这个轮子由你与你的同事、家人、朋友、上司、导师和同事构成的错综复杂的关系矩阵所定义，这些关系也塑造了你。在这个大背景下，很多事都在于你。你不仅仅是一个独立的演员或独唱者。你的选择、行为和行动都很重要——它们对构成你生活的所有关系都产生影响。

最优秀的领导者明白这一点，并据此采取行动。这并不意味着他们不会出于自身利益或代表自己行事。只是他们认为自己的私利是更大系统的一部分。这是一种"有见识的自我利益"，你专注于你的"自我"，但那个"自我"代表着更大的东西。从这个角度来看，责任心态从本质上重新定位了你正在做的所有个人工作。你自己的进步——你努力成为一个更好的领导者——更多的是关于你对这个复杂关系矩阵的影响，而不是你自己的个人利益。当然，如果你在这个更大的背景下看待自己，并尽最大努力最大化和正向化你的影响，你个人自然也会受益。但这不是目标，这只是副产品。

曾与我共事的最优秀的领导者从来不会想当然地认为这种责任自身会对他们周围的人——家庭、员工、组织、朋友，甚至社会——产生积极的影响。他们被一种近似疯狂的追求所驱动，去积极地触动周围人的心灵、思想和灵魂。这成为一种毋庸置疑的追求。因为最优秀的领导者从来不会把这种责任视为理所当然，因为他们的责任来自一种永不满足的渴望，那就是"以他人为导向"，而不是"以自我为导向"，他们高尚、真实的意图转化为他人眼中的真实的行为和行动。这成为拥有责任心态的最积极的表达——领导者被他人视为是真诚的，是"货真价实的"。

在这本书的导言中，我曾让你选择几个你在生活中遇到的伟大领导者的例子。我谈到了这些领导者的"光芒"——一种难以捉摸、很难定义的品质或"X因子"。我认为，责任心态是这种伟大领导力光芒的重要组成部分。最好的领导者理解、接受、内化并体现这种对更大事业或系统的奉献精神，并拥有一种隐含的自我意识，即自己是他人效仿的榜样。这给了他们一种令人信服的自然尊严。在任何群体情况下，关注最大愿景并代表最大系统行动的人都可能脱颖而出，成为他人的自然吸引者。

这正是对责任心态如何使领导者成为积极榜样的定义。当你对系统的幸福比对自己的幸福更感兴趣时，你就成了一个"磁铁"，能够吸引他人的积极能量和活力。领导者的"光芒"点燃了他人的"光芒"。还记得我们在第一章中的"水晶球"隐喻吗？一颗美丽的水晶球总是会反射出美丽多彩的光芒。由于自身的"光芒"及其在他人身上点燃的"光芒"，伟大的领导者创造了伟大的家庭、组织、政府、社会和世界。

从挫折到机遇：克服受害者心态

责任心态最强大的一个方面是它如何让你处理有挑战性的情况。当你对生活的态度主要被应得心态所影响时，你更有可能对挫折做出受害的反应，认为在你身上发生了一些不好的事情。如果你认为这个世界"亏欠你"一些东西，或者你有资格获得一定程度的成功，那么你将无法对生活给你带来的不可避免的挫折做出创造性和积极性的回应。但是，如果你抱着责任心态生活，你更有可能将挫折视为过程中自然的一部分。你知道，处理棘手问题是你作为一名领导者的固有职责，更不用说你作为一名领导者还需要持续成长了。从这个有利的角度来看，你能够看到消极情况下的"一线希望"，找到创造性的解决办法，并且——正如古人所说——"既来之，则安之"。

你也能够专注于"现在"，而不是分心，被拉向阻碍你解决问题的方向。当你对事业和生活中的所有刺激感到不知所措时，只需提醒自己你正在进行一次特殊旅程，而且你自己的旅程不是关于你自己，而是关于你能带给他人成功和富足。令人惊讶的是，有时这种微妙的心态转变会让你完全理解、领会，然后成功应对面前的挑战。我曾经指导过的最优秀的领导者已经展示了一种难以置信的专注于现在的能力，我相信这种能力正是由这种责任心态所推动。

以纳比尔·阿尔·阿拉威为例，他是阿尔·曼苏尔专业工程公司的创始人兼首席执行官，该公司是中东石油和天然气行业的主要参与者。纳比尔可能是我见过的"受害"最少的人，他的非受害立场对他作为企业家和首席执行官的成功产生了巨大影响。当我为上一本书《文化转型》采访纳比尔时，我问什么是他成功的关键，他的回答很简单："在逆境中保持乐观的态度。"

纳比尔是也门移民的儿子，在新加坡和埃及长大，最终获得了美国路易斯安那州立大学的奖学金，并在那里获得了工程学位。他白手起家建立了一家能源公司，现在在中东的24个国家开展业务。纳比尔在他的生活或职业生涯中几乎没有得到什么父辈的遗产，因此他为他现在享有的每一项权利而努力。

纳比尔不得不克服他在个人生活和职业生涯中的挑战，但这些都没有比他的癌症诊断更重要。当纳比尔在2002年被诊断出患有癌症时，他并没有因为感觉受到了伤害而做出过激反应。纳比尔意识到，如果他不改变对他来说导致癌症的整个生活方式，他将无法治愈自己的疾病。他通过结合传统治疗和生活方式调整（营养、压力等）来治疗癌症，最终他成功了。

在亲身经历癌症之旅后，纳比尔意识到他可以做更多的事情来支持公司员工的健康生活方式。他全面改变了公司的优先事项。除了关注作为公司成功关键指标的财务底线，纳比尔现在还关注员工的健康状况，阿尔·曼苏尔公司致力于支持一种减轻压力、促进健康的生活方式，并为所有员工提供一流的医疗保健。这是一个巨大的成功。阿尔·曼苏尔公司已成为企业健康计划的典范，员工满意度创下新高，同时在过去十年中享受着持续的财务增长。他们的榜样和成功已经开始影响他们的客户。受纳比尔健康计划的启发，壳牌、埃克森和英国石油也开始实施类似的计划。

如果纳比尔认为他的癌症诊断是对他认为自己应得生活的侵犯，那么他永远也不会找到必要的手段来做出这样的反应。像许多伟大的领导者一样，他在个人危机中看到了一个机会，让他觉得有责任让更多的人生活得更好。

前三个维度：相互影响

此时，你可能开始明白觉醒领导力的各个方面是如何协同工作的。事实上，"非同凡'想'"、"目光远大"和"勇于示弱"都对培养责任心态有着重大影响，反之亦然。

例如，如果你试图看清自己的应得权利（第三维度），那么你能够对自己和他人示弱就至关重要（第二维度）。反之亦然。理解你作为一个领导者对生活中所有维度的隐含义务，有助于创造一种示弱性。你会意识到你有多依赖他人。

"非同凡'想'"和"目光远大"（第一维度）也与责任心态（第三维度）有着深刻的联系。事实上，学会在更大的背景下看待自己是一种强大的目光远大的思考方式。在那一章里，你可能还记得做到"非同凡'想'"和"目光远大"的最直接方式就是弄清楚你的核心目标。学会在最大可能的背景下看待自己和你的生活，就像你如何对待责任心态一样，是你开始感知核心目标的一种无价方式。

当你继续在觉醒领导力的旅程中探索时，我鼓励你进一步寻找各维度之间相互重叠和支持的许多方式。它们就是这么设计的，如果你感受到这些协同作用越多，那么你对觉醒领导力的理解就会越深。

别忘了先给你自己戴上氧气面罩

像觉醒领导力的其他维度一样，责任心态也有缺点和潜在的危险。重要的是，在你试图看清自己的应得权利时，不要走得太远，以免损害你的自我价值感。拥有高度的个人自信是良好领导力的重要组成部分。事实上，它可能在你的人生中带着你走了很远。相信你自己可以让你经得起批评，克服障碍，并激励他人。关键是找到正确的平衡，这样你的自尊就不会失去控制，也不会影响你理解自己对更大系统责任的能力。

如果你真的留意过空乘人员的安全提示，你可能会想起他们让你在紧急情况下先给自己戴上氧气面罩。你需要确保你自己是健康和安全的，这样才能帮助你周围的人。当涉及责任心态时，我倾向于认为个人和系统之间的关系类似这个安全悖论。作为一个领导者，你的首要义务是你生活中的许多"系统"，你只是其中的一部分。你有责任服务和支持他们。但是为了成为一个伟大的"觉醒领导者"，你还必须确保你个人是强大的和有支持力的。

为了进一步说明这一点，我想介绍"全息"的概念，这是一个希腊术语，因为未来学家亚瑟·库斯勒1967年写的书《机器中的幽灵》而流行。库斯勒将全息图像描述为一个整体，但它也是更大系统的一部分。这就是我所思考的你、领导者个人和你所属许多系统之间的理想关系。在认识到你对你所属的组织、家庭和公司负有的责任和义务时，你必须始终保持自己作为个人的力量。你是你自己生活中最重要的"系统"，如果你想为他人服务，你的强大和活力至关重要。

最后，当你寻求责任心态时，记住不要回到机械的责任形式。责任心态并不意味着盲目地将自己奉献给一个原则或组织。你永远不应该"关闭"你的批判性思维，或者为了忠诚而"忠诚"。正如我们在本章前面所讨论的，责任心态更多的是看到你与生活中的关系矩阵有着深刻的联系并对其负责的多种方式。你如何选择履行这种义务完全取决于你自己！

培养责任心态

伟大的领导者让责任心态看起来很自然。当你面对一个关注系统并具有高度利他主义的人时，你通常会觉得他们生来如此。但以我的经验，对于我们大多数人来说，责任心态是需要我们努力修炼的。我们有一种天生的自恋倾向，需要努力去克服。即使是我们当中最神圣的人，在更大的系统背景下看待自己的能力也可以进一步提升。对我来说，这是个好消息！这意味着我们都可以从现在的状况中有所成长。

下面是用于责任心态的一系列"激发行为"。你可以采取这些行动来帮助拓展你自己的视角。这个思路是你越能亲自践行这些行为，它们就越会成为你的"第二天性"，即你固有的看待自己和世界的方式。

当你做这些练习时，请花时间思考它们是如何影响你的世界观的。你感觉到更深的觉察了吗？你是不是不那么专注于自己，而是更关注他人？

逆向练习

每月至少评估一次你所有的成功——所有发生在你身上的好事，以及所有让你感到自豪、快乐和满足的情形。现在，在纸上绘出四栏表格，在左边第一栏逐一列出你的成功。在下一栏，写下你从每次成功中获得的积极结果，一定要具体并提供细节。例如，如果你幸运地拿到了奖金，写下奖金的金额。接着在下一栏，写下你个人成功的原因。还以奖金为例，你是否承担了更多的责任去赢得它？接着在下一栏，写下每个为你的成功做出贡献的人的名字。这些人可能是和你一起工作的人，也可能是其他人，比如家人、朋友或以前的同事。例如，也许你的配偶花了更多的时间和你的孩子在一起，让你能够投入额外的工作来获得奖金。在最后一栏，写下你看到你的成功不仅仅是你自己努力的结果时的反应（如果是这样的话）。

这个练习以一种强有力的方式来体验与自我导向（权利和自私）相反的他人导向，并了解它是成就、成功和良好领导力的关键因素。一旦你意识到你实际上是一个更大系统的一小部分，它会让你保持谦虚，从而让你更好地欣赏他人给你的成功带来的所有价值。

值得信任

责任心态最重要的因素之一是成为那种他人可以依靠的人，因为你知道他们在依靠你。这是一个"先有鸡还是先有蛋"的问题。你越清醒地意识到你和多少人有联系，你就越有动力成为一个值得信任的人。你越值得信任，你就越能开始意识到有多少人在指望你。反过来，你也会开始更加信任他人，因为你意识到我们是多么的相互依赖。就像在上面的练习中，你可以看到你的成功需要他人的帮助，他们也需要你的帮助。信任是所有这些工作的关键。

所以问问你自己，你是一个信任他人的人吗？你是一个值得他人信任的人吗？为什么会这样？上面的"逆向"练习是否激励你变得更值得信任？请花些时间想想这个问题，考虑一下你的董事会在这方面对你的看法。你是人们信任的那种人吗？

以他人为荣

骄傲是一把双刃剑。一方面，这会导致傲慢和固执，让你难以共事；另一方面，它也可能是你通过努力工作和奉献取得成功的自然结果。说到责任心态，它是以我们最在意的他人为荣，而不是以我们自己为荣。当你越能开始在宏大的背景下看待自己，你就越能开始认同这个更大的系统。因此，你会开始为此感到骄傲。想想你的家人，当你的孩子有所成就时，你会感到骄傲。你所在的团队也是如此。我觉得为集体付出的努力感到骄傲远比为个人骄傲（尽管他可能很重要）更有力量和满足感。

请花些时间想想让你感到骄傲的"更大的系统"。你团队中的其他人或者团队本身是否取得了让你感到骄傲的具体成就？这种骄傲感和你个人的骄傲感相比如何？花些时间思考一下这种更大的骄傲感，就能开始锻炼你的责任心态。

Leveraging Your Gifts and
Addressing Your Gaps

第五章

利用天赋，弥补差距

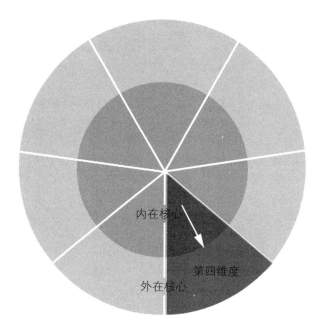

内在核心

第四维度

外在核心

我上大学时，我和朋友托尼在犹他州南部的埃斯卡兰特河荒野上进行了一次背包旅行，在那里度过了我们的春假。这是一次为期五天的冒险，我们穿越了这个国家最美丽——也是最荒凉——的地区之一，其特点是引人注目的红岩沙漠景观。那里缺水，只有最坚韧的植物和动物生活在无情阳光的照射下。

为了在旅途中生存，我们不得不背上所有必需品——食物、水、衣服。我们花了几个月的时间做准备，去了无数次当地的户外用品商店，以确保我们拥有一切必需品：帐篷、睡垫、炉灶、锅碗瓢盆、净水器。我们打包了所有东西。

我们准备了一切，唯独没有地图。

我们带了一本旅行指南，上面有一些路线的书面描述，还附有一些简单的岔路提示和地标图；在年轻人的傲慢中，我们认为这就足够了。旅行路线大部分是沿着一条蜿蜒的河流，这条河位于一个深峡谷的底部。我们干吗还需要一张地图？

问题在第五天终于来临——而在那之前我们的旅行如预期一样非常精彩——我们不知从哪里爬出峡谷，以便沿着正确的路线回到车上。埃斯卡兰特河就像一个蜿蜒曲折的180度曲线迷宫，几乎每一条路看起来都一模一样。所以，当我们需要在这条无尽的曲线中弄清楚应该从哪里离开的时候，我们旅行指南的模糊描述远不够用，留给我们太多猜测。

我们当然猜错了，在偏离我们的车20英里（约合32千米）远的地方走出峡谷！因为我们没有地图，所以我们不知道做了一个错误的决定。我们只知道我们正在寻找一条无法找到的路。当时气温达到35℃，没有树木遮阴，我们的身体脱水严重。我们虽然有过滤泵，但我们需要水源。这里有很多河床，但它们都干得像骨头一样！

时间到了那天下午，情况越来越糟。我们的水喝完了，托尼开始因中暑而产生幻觉，而我们还没有找到路。我开始恐慌。

在野外，恐慌会危及生命。就在事情变得非常严峻的时候，我从眼角瞥见了一丝亮光。这是太阳在水面上——原本已干涸河床上的一个小水坑——反射的光芒。托尼和我冲下河岸，扔掉背包，疯狂地将水用过滤器抽出来。直到今天，它仍然是我记忆中最甜美的水。

故事的余下部分，我不说你也知道。喝足水的我们立刻头脑无比清晰，我们有精力爬到附近的高点，发现不远处有一条路。从那里，我们拦下一辆孤零零的车，然后搭顺风车回到我们的车上。尽管我们在旅行中傲慢自大，但还是勉强活了下来，并且学到了一个宝贵的教训，那就是在开始任何旅程之前要有一张准确的关于路线的地图。

你可能想知道我为什么给你讲这个故事。事实是，我们中的许多人都犯了同托尼与我一样的错误，没有做好准备就开始踏上荒野。我们没有一张未知领域的地图，那就是我们自己的内在自我，即当我们决定参与领导力发展过程时，我们正着手改变的那个自我。领导力发展所需的地图不是某个人可以随便交给你的。这不像在加油站买街道地图：你的地图对你来说是独一无二的。为什么？我们都有不同的优势，我们可以利用这些优势成为更有效的领导者；我们都有特殊的劣势，我们需要意识到这些劣势并加以改进，以释放我们的潜力。那么，作为一名领导者，你将如何发展自己的能力？你需要有一个计划。你需要有一张"地图"；你需要知道你在哪里，你想去哪里。为了发展这个计划，你必须清楚自己的优势和劣势。

我曾以教练的身份与数百名领导者共事过，你会惊讶于大多数人对自己优势和劣势的认识是多么不准确。这有很多原因。有些人从来没有真正花时间去思考他们擅长什么，需要改进什么。他们很忙，不一定会看到这种自我评估的投资回报率。即使他们自己考虑过，许多人也从未从朋友、同行或家人那里寻求真正的反馈，所以他们对自己的感觉并不客观。有时候当他们从别人那里寻求反馈时，那些给出反馈的人太害羞而不诚实，所以他们没有得到准确的"地图"。

这就是觉醒领导力的意义所在。"利用天赋，弥补差距"的重点是帮助你尽可能准确地了解自己，然后学会有效地利用这些信息来提升你作为一个领导者和一个人的能力。

心态应用

在第四章中，我谈到了觉醒领导力的前三个维度如何共同形成伟大领导力的基本心态。"非同凡'想'"、"勇于示弱"和"责任心态"共同帮助我们获得作为领导者发展所需要的视角。当进入第四个维度时，我们开始将一直在培养的视角应用到伟大领导力的具体细节中。

这从"利用天赋，弥补差距"开始，在很多方面是一个人发展的关键。在这里，我们确定需要改进的方法，利用已经闪耀的领域，然后将所有这些结合起来，释放我们的领导潜力。

正如我们在前面讨论的，创建一个关于你自己的精确"地图"是这个过程的第一步。但同样重要的是，我们必须正确使用这些信息。例如，正如我们稍后将探讨的那样，许多与我共事的领导者倾向于低估他们的优势——认为这样是理所当然的，以至于限制了自己的潜力。我们的"差距"也是如此。许多人往往对收到的任何负面反馈反应过度，因为他们没有在适当的环境中看到自己的缺点。因此，当我们继续学习这一章内容时，将通过评估我们的天赋和差距来创建我们的"地图"，我们还将关注如何处理从他人那里收到的信息，并讨论如何最好地将其应用到我们的生活和工作中。

在继续之前，让我们做一个初步练习。我想让你创建两个简单的清单。第一个清单应该包括你作为一个人和一个领导者的五大优势或天赋。你认为他人欣赏你的哪些品质？你觉得最自信的领域是什么，以及你觉得能对周围的人做出最大贡献的领域是什么？你的第二个清单应该包括你认为可以提高的五个品质——这些品质如果得到发展，将会对你的生活产生最大的影响。我们将在本章后半部分回顾这些清单，以了解你的评估有多准确，以及你如何最大限度地利用天赋并弥补差距。

消极偏见

在我和领导者共事的工作中，我们花了大量时间一起评估优势和劣势（见马托尼领导力九型人格指数和图1.2），我注意到了一个有趣的趋势。人们往往对自己的劣势和可以改进的地方比对自己已经做得好的地方更感兴趣。事实证明，大多数人都有一种无意识的偏好，喜欢听他们的缺点，而不是优点。即使是那些极度自信、自我概念很高的人也是如此。分享反馈时，我得到的一个常见回答是"好的，很好。我知道我擅长什么，但是请告诉我更多我不擅长的事情。"就好像积极的反馈会遭到反弹一样，他们迫不及待地想听到坏消息。

你是这种情况吗？当你完成上面的练习时，你发现并认同弥补劣势比发挥优势更容易吗？你的天赋清单是否比差距清单短？你是否发现自己对探索后者更感兴趣？

这种对负面的偏见起初可能令人困惑，但却很自然。事实上，一些研究人员认为，我们对批评性反馈的偏好实际上可能是人类物种的一种进化适应。彼得·迪亚曼蒂斯博士（XPrize公司的董事长兼创始人）在他的书《富足：未来比你想象的更好》中引用了一系列进化心理学研究，探索所谓的"消极偏见"。这个理论认为，人类大脑是在这样一种环境中进化的，即那些能够发现危险并预见有害情况的人更适合生存。想象一下你生活在非洲大草原上，那里的每一个角落都潜伏着食肉动物，你不得不为每一餐而战。如果你能预见鬣狗的攻击，你就更有可能活下来！这就是我们大脑发展的环境，甚至几千年后，我们仍然倾向于发现我们周围潜在的伤害。只不过现在我们害怕的不是狮子或干旱，更为敏感的恐惧是被解雇、付账单或不能释放潜能。

❑　富足心态

彼得·迪亚曼蒂斯博士的书《富足：未来比你想象的更好》对消极偏见提供了一些非常有趣的见解，但这本书的焦点（也是它与觉醒领导力如此相关的原因）是当你克服偏见，对自己和世界采取更为乐观的态度时，一切皆有可能。

我们今天生活的世界虽然并非完全没有危险，但远比我们远古祖先进化的世界"安全"。想想吧，我们中的许多人大部分时间都生活在受保护的环境中，生存不会受到威胁——住在有空调的房子里，用汽车代步，能获得先进的药物，吃任何我们渴望的食物，而这些食物在街上的超市里很容易就能买到。甚至许多被生活忽略的人也能获得政府的支持和救济，这是史前游牧部落做梦也想不到的。

虽然我们的世界并不完美（我们仍需要关注一些非常现实的问题和危险），但与过去相比，它算得上极其丰富。然而我们却不能像现在这样行动。我们没有利用周围和内心的非凡天赋与机会，因为我们仍然如此专注于问题。谁让我们天生就是这样思考的。

但是想象一下，如果你能深深地内化你周围那么多的富足和机会，会发生什么？当你发现你周围许多难以捉摸的恐惧和自我强加的限制是多么不理智时，你就会开始接触到我喜欢称为"富足心态"的东西。这种观点为你打开一个通往无限可能性和创新解决方案的领域，而当你仅关注问题和可能出错的地方时，你就看不到这些了。

根据我的经验，当我们从事任何一种个人发展或职业发展时，消极偏见会更加强烈。的确如此，对不对？当你想要改进的时候，你就会想找到你需要改进的地方。想要找出是什么阻碍了你前进，这是一种自然的趋势。许多人认为他们的优势是他们已经掌握的东西，所以不需要花很多时间去研究它们。他们错误地认为，如果他们能够简单地弥补他们的差距（他们的短板）那么其他一切都会因此得到改善。

虽然这有一定的道理，而且关注你的差距并解决它们绝对是重要的，但你也需要尽可能多地关注你已经很强大的领域。在我与高管的谈话中，我会问他们："到目前为止，你的天赋和优势对你的生活有帮助吗？"当然，他们的回答总是肯定的。我接下来问道："那为什么我们不能专注于让它们变得比现在更强大呢？"以我的经验来看，这些天赋不仅能帮助你更好地弥补差距，还能让你达到仅仅通过改善自己的弱点而永远无法达到的高度。正如古老的体育竞技格言所说，有时最好的防守是有效的进攻。开启我们发展潜力的关键可能在于发掘和强调我们已经拥有的东西，而不仅仅是增加新的能力和技能。

例如，我的一个客户——一家《财富》世界500强公司的首席运营官罗斯·玛丽——很难激励她的团队去完成她肩负的组织转型任务。她天生是个害羞的人，多年来一直被认为激励别人不是她的强项。罗斯·玛丽擅长数字和物流，但她很难让其他人接受她的想法并付诸行动。

在罗斯·玛丽看来，成为一个好的激励者的关键是能在会议上发表鼓舞人心的演讲，但是她害怕公开演讲，即使是在小组中。因此，她努力提高自己的口头交流技巧，在晨会前对着镜子排练她要对团队说的话，甚至报名参加演讲会。尽管她确实取得了表面上的进步，但所有这些工作并没有真正给她带来她所希望的结果。

当罗斯·玛丽开始和我一起工作时，我做的第一件事就是打消她这个想法：总想成为一个她不能成为的人，即一个伟大的演说家。在她人生的这个阶段，她永远不会成为托尼·罗宾斯那样的人。但这并不意味着她不能成为一个伟大的激励者。我让她思考是什么让她在职业生涯中如此成功，也就是她最大的优势是什么。罗斯·玛丽首先想到的是，她有一种天赋，能把复杂的问题提炼成易于理解的模型，并为解决这些问题制定一步步的计划。这就是她成为如此成功的首席运营官的原因。

我们探讨了她应如何利用这一天赋来更好地激励她的团队。事实证明，人们实际上对她简化复杂情况的能力有相当积极的反应。所以她真的在这件事情上很投入。她花了整整一个周末的时间绘制了一张漂亮的组织过渡计划图。她的另一个优势是她能够识别每个人的独特状况，所以她能确保每个团队成员都承担相应的关键职务和责任。

到了周一早上见面的时候，罗斯·玛丽向团队展示了她的计划，并一步一步地向他们说明。每个人都佩服不已。她给团队工作带来的清晰性——以及她对帮助每个团队成员理解他们的具体职责所给予的关注——被证明是推动每个人都积极参与团队工作的巨大动力。她甚至不需要发表令人恐惧的励志演讲。

在上面的例子中，正如我的同事兼高管教练阿弗拉·莱拉基所说，我们发现了罗斯·玛丽的"标志性优势"。这些是我们每个人都拥有的天赋，正是它们造就了我们今天的样子。这些天赋通常是我们生活中所获得大部分成功的真正原因，然而它们是如此令人"习以为常"，以至于我们甚至不承认它们的存在或价值。但是，在我们对自身问题根深蒂固的偏见之下，隐藏于每一个标志性优势后面的都是一项尚未开发的潜力。

关键是如何识别这些标志性的优势，然后像我的客户一样，深入了解它们，看看它们能为我们带来什么。最好的领导者——也就是真正伟大的领导者——能够做到这一点，你也可以。如果你能暂时克服你的消极偏见，让自己变得更像你自己，给自己的优势部分增加更多的重量，我保证你会对结果感到惊讶和高兴。

既然我们已经探讨了利用优势的重要性，我希望你回到你之前列出的清单。有没有你可能忽略的先天优势需要补充的？你能想出在未来更好地利用优势的方法吗？

弥补差距

既然你已经彻底探索了自己的优势，你应该以正确的心态来审视自己的弱点。你的弱点——我喜欢称为差距——只是你真正需要改进的地方。它们可能是尚未提高的技能，如战略思维、沟通或对细节的关注。或者它们可能是品格缺陷，比如脾气暴躁或过于自恋。你的差距对你来说可能是显而易见的——对于它们，你已经得到反馈很多年了；或者它们可能更微妙——你需要一些帮助来解决这些问题。

找到差距的关键是找出"增长限制因素"。我们不仅仅是为了更好地了解自己而寻找问题（尽管这是一种高尚的追求），我们正在为结果而努力。我们都是忙忙碌碌的人，没有时间去改善自己的每一个方面。我特别喜欢吃冰激凌，但是研究我的这个"弱点"并不能帮助我成为一个更好的人或者让我更好地工作。因此，如果我们要改进弱点，就要找到那些对生活中其他事情有明显积极影响的领域。弥补你的差距，如果与利用你的天赋结合起来，将对释放你的潜力产生最大的影响。

我的同事——人力资源灵魂咨询公司的创始人保罗·科蒂索思给我举了他工作中的一个例子：他的一位高管客户杰森是一家大公司的首席营销官，因为专注于改进一个关键弱点而使公司实现了大幅增长。就像上面例子中的罗斯·玛丽一样，杰森也很难激励他的团队。与罗斯·玛丽不同，杰森是一个才华横溢的梦想家，喜欢在会议上激发团队的热情。但出于某种原因，他在会议上激发出的能量并没有转化为真正的结果。尽管他很有天赋，但他的团队长期表现不佳，这使他开始感到沮丧。

像许多有远见的人一样，杰森很难看到自己在团队绩效问题上的责任。他是一个非常有能力的人，他觉得自己在尽一切努力去激励团队。团队只是做得不够。保罗通过坚持不懈的努力，使杰森进入一个足够示弱的状态，他开始考虑他的领导风格是不是有什么东西导致他的团队难以贯彻他的计划。

事实证明，杰森是一个典型的"大局思维的人"，他非常讨厌谈论细节。由于向团队示弱，杰森能够从他的团队成员那里获得诚实的反馈，从他们生动的讲述中可以发现，他们确实受到了杰森的鼓舞，但也多少被杰森所忽略。杰森会把工作布置下去，然后把细节留给团队的其他人。他没有努力让自己至少了解一下团队需要哪些后勤支持，也没有倾听他的团队面临哪些问题。这意味着杰森的"大局思维"没有考虑到将愿景付诸实践的具体含义，也意味着他的团队没有从他身上感受到任何同理心，这阻碍了他们为杰森执行团队计划的愿望，不管他的演讲多么鼓舞人心。

因此，在保罗的帮助下，杰森开始对他团队的日常运作产生更多的兴趣。他对所有关键利益相关者的工作实施日常检查，努力理解他们在各自岗位上所处理的细节。他没有放弃他擅长大局思维的能力——这是他最大的天赋之一——而是加入了一个非常需要的元素，即理解这些想法的实际含义。

杰森新得到的能力——即对细节的关注——并没有成为他的标志性优势，但忽略细节不再是阻碍他前进的原因。更重要的是，这实际上增强了他的其他优势。理解"大局思维"的实际含义使他的这项能力变得更加强大，更着手于实际问题。结果，杰森鼓舞人心的演讲不再被团队成员充耳不闻。他们更加信任他，因为他们能看出他在努力考虑他们的特定情况。

走向完美

直面自己的缺点可能是领导力发展过程中最为困难的一个方面。承认自己的缺点很难，而开始改进你的缺点则难上加难。其中一个最大的原因是我们在自我评估过程中的心态。我相信，如果我们想尽可能以最具建设性的方式应对我们的"差距"，就需要培养一种对自己和我们的缺点更灵活的观点。

我们大多数人都倾向于将自己视为静态的实体，我们的缺点是一生都在追求完美的表象。但事实是，我们比想象的更有活力，我们的缺点是我们作为人类成长中的一个自然部分。18世纪英国神学家约翰·卫斯理说过一句话，我一直觉得很有说服力。他把人类的旅程描述为"走向完美"。换句话说，没有人是完美的，但是我们可以一直努力追求完美。

我相信，我们所有人——无论有多少缺点或多么不同寻常——都在进步。我们总有改进的余地，因此总有"差距"需要弥补。从这个角度来看，我们的缺点与其说是"差距"，不如说是错误。这是一个成长的机会，是我们可以接受的下一个挑战，使我们更接近完美。

信不信由你，把我们自己视为一件正在加工的产品，和我们在第四章中探讨的责任心态联系在一起。请记住，我们努力追求的"责任心态"本质上是保持与事实的联系，即我们与构成我们生活的关系矩阵之间的联系是多么紧密。当我们努力改善自己的某个方面时——就像杰森在上面的例子中所做的那样——它会对我们周围的人产生连锁反应。我们开始不再把自己看作"达不到完美"的静态个体，而是成长的促进者。因此，我们的差距不仅仅是我们自己的，它们是我们所属的整个复杂系统中的差距，是我们改善周围每个人生活的机会。

既然我们已经更深入地探讨了"差距"的概念，就让我们再花点时间来思考一下，你认为对你而言最具影响力的改进领域是什么？你觉得哪些弱点阻碍了你大部分精力的使用和你的进步？这是一个与你所信任的支持网络联系的好时机。他们是否带来了你可能不知道的新问题？

记住，当你开始弥补自己的差距时，我建议你努力成为一个"接近完美主义者"，但要避免完美主义！培养一种不断努力改进的心态，同时不要因为自己充满缺点而感到失望、震惊或害怕。这是弥补你差距的唯一健康的方法，也是你能够真正改进差距的唯一方法。

找到正确的平衡

还记得本章开头的"地图"比喻吗？当你创建内在领域的"地图"

（你的优势和劣势），你必须找到正确的平衡。我想重申的是，当你开始评估你的差距时，一方面，对自己要非常宽容。不要在任何一件事情上陷得太深，试着把你的情绪排除在外。要像一位科学家那样去评估你的差距：客观而公正。把你的品格视为需要研究和改进的东西。简而言之，不要往心里去。然而，从另一方面来说，不要因为探索自己的优势而得意忘形。我们很容易忽略优势和劣势所带来的一些"负面影响"。

例如，假设你发现自己有战略思维的天赋，但却没有利用，当别人专注于"树木"时，你经常可以看到"森林"，并开始在你自然而然产生的大局思维中变得更加自信——太好了！但是在这个过程中，你不要变得自高自大。此时，你不要忽视注重细节的重要性，或者对自己的观点过于自信。你也不要把你通过利用自己的优势而获得的任何进步或成功误认为你已经"到达"或实现了某种程度的完美。即便是勒布朗·詹姆斯——可以说是地球上最好的篮球运动员——每年都在学习新的技能。总有更远的路要走。

不管你有多棒，总有提高的空间。即使你是一个有严重缺点的人，也有你可能还没看到的可开发的潜力。

瞄准目标，努力向前

当你真正掌握了利用天赋和弥补差距的内涵，你会自然地倾向于在任何时候都对自己拥有尽可能清晰的认知。你总是希望收集尽可能多的反馈，这样你就可以确信自己需要改进什么——因为你会不断地想要改变和发展。有了这个目标，你就能成熟地处理所有的反馈，并采取行动解决你发现的问题，而不会反应过度。

请记住，即使是最成熟的领导者有时也很难自然地体现这个维度。有时，他需要人为地使自己进入正确的心态，寻求并回应反馈。我们所有人都需要在这个维度上努力，通过做一些非常具体的事情来开始自我评估的过程。下面是一系列练习和行为建议，你可以用它们来实践这个维度。

360度视角

掌握这个维度的觉醒领导力的第一步是获得我所谓的"360度视角"。这一步包括评估你的优劣和劣势。它还包括发现你行为或品格的粗略和微妙的方面，即你的明显特征的组合，比如你的交流习惯，以及你难以看到的因素，比如你如何看待自己作为一个领导者。当我帮助客户开发他们自己的360度视角时，我们结合了自我评估（类似MLEI这样的工具，你可以打开链接johnmattone.com/booktools免费学习），并扩展到他们的支持网络。通过这种方式，我们可以利用主观和客观的反馈，获得对每个人的全方位视角。你也可以使用这些工具来帮助你发展自己的360度视角。

让我用一个医学上类似的例子来说明，领导者非常准确地了解自己的优势和差距该有多么重要！在医学上，有一句名言叫"诊断前开药方是渎职。"任何医生在开药方时没有通过多重诊断而对病情做出准确而清晰的判断，那就会开出错误的药物、剂量和护理计划。想想这种情况带来的后果。医学上不允许任何医生做出不彻底的诊断。领导力和个人发展过程亦是如此。为了创建一个有效的改进计划，我们需要一个准确的诊断！

这需要你做出很大的示弱，尤其在开始的时候。你必须愿意对自己坦白。你必须谦虚地请求你生活中的关键利益相关者分享他们朴实的观点。

不过，在参与这个过程时，几乎每个人都会发现自己的责任、信心和视角都有了很大的提高。我建议你在这个过程中花些时间做你自己的360度评估。列出你的优势和劣势，然后向你的支持网络寻求反馈。

征求改进建议

当你回顾你的360度视角评估结果和你在过去所收到的任何其他反馈时，重要的是要认识到无论过去发生了什么，都已经过去了。这是无法改变的，纠结于过去的错误毫无价值。如何保持更面向未来的心态，有一个方法是重新规划你寻求反馈的方式。与其让他人简单地告诉你哪些做得好、哪些做得不好，不如考虑询问他们我所说的"改进建议"（GFS）。例如："玛丽·卢，为了提高我的沟通能力，你有什么改进建议要我考虑的？"GFS方法是强大的，因为它会含蓄地解决你过去的错误和缺点，但这样做不会让你心怀戒备或感到后悔。GFS专注于解决方案和潜力，这就是觉醒领导力的全部意义。我们不想仅仅为了拥有更多的自我认知而了解自己。我们想要进步，成为更好的领导者和更好的人。寻求GFS让你和你寻求反馈的人都保持这种以结果为导向的心态。

制定计划，保持简单

一旦你对自己的天赋和差距有了清晰的认识，就该为如何解决它们制定一个计划了。对于你的天赋，你要关注如何在你的生活中给予它们更多的关注。对于你的差距，你应该寻找改进弱点的方法，减少不利行为的消极后果。记住，成为一个全新的人是不可能的。你的差距将永远存在。但是你可以意识到它们，并制定策略来确保它们不会对你自己或你周围的人造成破坏。

当你制定行动计划时，一定要保持简单。你需要为你正在解决的每一个品质制定一两个策略。保持这些策略简练有效。例如：我将提高我领导建设性团队会议的能力，方法是：（1）为每次会议花费至少一个小时的准备时间；（2）事先从利益相关者那里了解更多信息。确保你为每个计划确定一个目标日期，并与你信任的可以让你负责的人分享你的计划。

最后，不要一次把计划定得太多。你永远不应该同时致力于两个以上的优势、两个发展需求或差距。从小处着手，然后通过在计划中加入新的要素来巩固你的成功。最初用一个较容易的计划获得成功，比用一个更雄心勃勃的计划遭受失败要好。

成为自己的专家

这个过程的最终目标是让你成为世界上了解自己的最优秀的专家。你比任何人都更想知道自己的优点和缺点。如果别人比你更了解你自己，这肯定会引发问题。甚至你成了莽撞闯祸的人，自己可能都不知道。但是，如果你鼓起勇气并敢于示弱，通过利用他人的反馈来研究自己，你就有自知之明，你就会感受到自己对世界的积极和消极影响。这种自我认知是无价的。

Having The Courage to Execute with Pride, Passion, and Precision

第六章

勇于自豪、激情和精确地执行

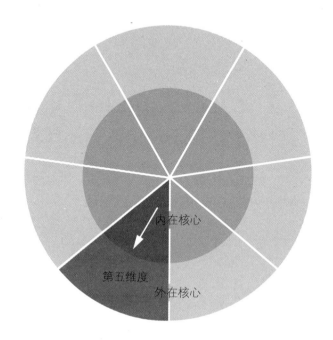

我的大儿子尼克从小就对篮球充满热情。他很棒，球打得真的很好。由于天赋和强烈的职业道德，他成为美国最好的高中篮球运动员之一，获得了在大学一级联盟打篮球的奖学金，并远赴欧洲打职业篮球赛，最终由于受伤过早而结束了职业生涯。

我一直钦佩尼克的一点——也是让他在比赛中如此成功的品质之一——是他愿意每次在最重要的时刻"挺身而出"。他就像离合器一样用于紧急关头。他知道，当球发出，比赛开始时，除了球场上发生的一切，其他什么都不重要。一旦比赛开始，所有的练习、过去的胜利和失败、准备都无关紧要。在比赛时，他必须重整旗鼓并放手一搏，没有借口退缩。他知道他必须执行。

当我们开始探索觉醒领导力的第五维度时，我们正在进入我们自己版本的"比赛时间"。这就是我们在旅程中轮胎与路面相遇的地方。正是在这个维度上（"勇于自豪、激情和精确地执行"），我们发生了从视角到行动的根本性转变。我们在前四个维度所做的大部分工作主要是发展自我意识。现在，在第五维度，我们的工作开始将这一观点转化为行动。

与其他可能更有天赋的球员相比，尼克在最重要时刻的执行能力是他的不同之处。这也是真正伟大的领导者与众不同的地方。在压力下愿意挺身而出是区分伪装者和真正的差异制造者的关键品质。伟大的领导者知道，如果你不能把观点转化为行动，那么世界上所有的聪明才智都将毫无意义。他们深深懂得彻底的分析、计划和准备对于成功至关重要，但是如果它们不能最终转化为结果，那就一切都没有用。因为他们知道——用《星球大战》中尤达大师的话来说——"要么做，要么不做。没有机会尝试。"

走出舒适区

虽然执行能力看起来很简单，但实际上却很少见。当我写这几页的时候，时间是一月份，正好是一年的开始：下决心的季节。新年的雄心壮志及其短暂的保质期是一个完美的例子，这说明执行是多么罕见和困难。决心为我们提供了无穷无尽的喜剧素材，我们往往会在每年一月大胆地向全世界宣布它，但都会可预见性地在一季度末就被我们抛弃，仅仅因为我们计划做某事并不意味着我们就会去做。执行需要勇气。你需要钢铁般的勇气来实现一个愿景，不管这个愿景是一个项目计划、一个新年决心还是一本书。

为什么？当回到现实，我们的计划和目标变成行动通常比我们预期的要困难得多。当你开始按照计划或愿景行动时——不管工作量有多大或多小——你将不可避免地走出舒适区，进入新的不熟悉的领域。这里有你永远无法预料的障碍和"曲线球"。有无数的内部和外部力量似乎总是等到比赛时间就会出现。

许多人觉得这太难了，他们宁愿让别人带路。他们不愿为事情的发生承担责任。当然，这很好，但这不是领导力。真正伟大的领导者是那些愿意在执行计划时迎难而上的人。他们是那些有勇气带领每一个相关的人走进未知领域的人。

不顾阻力，培养勇气

如果这个维度让你感到有点紧张，那是件好事。对结果的需求——即执行的压力——甚至在最勇敢的人身上也会产生一种自然的抵触。它对我们这些宁愿选择舒适路线，也不愿承担和履行责任的人不利。事情是这样的：我们都感觉到执行的阻力，但是我们当中的领导者是那些不顾阻力培养行动能力的人。

培养这种勇气是任何人都能做到的。勇气——正如我们在讨论品格的第一章中谈到的——是面对逆境或压力时愿意采取行动。这是你可以立即开始做的事情，而且你可以从小处着手。

我的同事琳恩·卡斯卡特有一种独特的方法来帮助她的客户在生活中培养勇气。每当他们做了一些她觉得表现出哪怕是一点点勇气的事情，她都会给他们颁发"金球奖"。虽然幽默，但她的奖项验证了客户已经采取行动，激励他们增长新的内部动力并蓬勃发展成为更大的勇气和品格。

记住，勇敢不一定看起来像漫画里的超级英雄。正如我们所讨论的，一些最勇敢的行为是微妙的：勇于示弱，面对并承认自己的缺点，做一些与以往不同的事情。事实上，尽管琳恩的"金球奖"听起来像是直接出自约翰·韦恩式的领导力剧本，但当她的客户表现出"英雄般的示弱"时，她通常就会给他们鼓励。执行的勇气可以有多种形式，只要它植根于行动。

勇敢行动的三个品质

那么一个人带着勇气执行是什么样子的呢？当然，这取决于个人和环境。任何愿意承担责任并将愿景转化为行动的人都展现出一定程度的领导力。但是我发现勇敢行动有三个普遍品质：自豪地执行、激情地执行、精确地执行。在这一章的课程里，我们将探索这三个品质，定义它们在觉醒领导力环境中的样子，以及如何培养它们。

让我们从"自豪地执行"开始。

为你所做的工作感到自豪

每一枚硬币都有两面，骄傲亦如此。一方面，骄傲可以表现为固执、自负或傲慢，这种消极的骄傲导致人们内心膨胀，并持有一种错觉，认为只有他们知道几乎所有事情的答案。这种骄傲会让人们对自己的能力过于自信，疏远他人，并最终阻碍他们的成功。

在这枚硬币的另一面是积极的、恰当的骄傲，这是领导力的重要品质。它直接与采取行动相关，并且基于对所做工作的"自豪感"。例如，我有一个非常有天赋的木工朋友，他制作了最漂亮的桌子和橱柜，而且在工艺上一丝不苟。他以自己的工作为荣，而不是以傲慢的方式。他觉得需要对工艺本身的质量负责，他对自己以及与他一起工作的任何人都有很高的标准。这使得人们对他的工作不自觉地就产生了的信心，这是很了不起的。

领导力也是如此。如果你为自己所做的工作感到自豪，并坚持精益求精的高标准，你就会散发出天生的领导力。积极的骄傲是值得的，不能被伪造或模仿，因为它是从头到尾致力于某项工作，让自己对工作的结果负责。随着每一个成功的结果，积极的自豪感不断积累，你对自己的行动能力就有了信心。这里有一个累积效应，所以在未来的每一次行动中，你都可以利用你获得的自豪感。这是一种受人重视的骄傲，一种受人尊敬的骄傲，也是一种你自己可以依靠来度过困难时期的骄傲。

体会一下你在克服困难完成工作后的感受，也想一想你临阵退缩过早放弃时的感受。对我来说，一个简单的例子就是我的日常锻炼。当我每天早上醒来时，我最不想做的事就是去健身房。我很累，对未来一天必须完成的所有事情都很焦虑，并且充满了不需要努力保持身材的各种理由。当我忽略脑海中所有的声音，继续去健身房锻炼时，我总是感觉再好不过了——不仅仅是在身体上，我内心也感到自豪。我觉得自己更加强大，对自己克服内外阻力的能力更有信心。

再强调一遍，健康的自豪感无法伪装。这对你既是坏消息，也是好消息。坏消息是，如果你想为自己的行为带来骄傲，必须做好工作，没有捷径可走！虚假的骄傲会成为傲慢，人们在一英里（约合1.6千米）之外就能感觉到。好消息是，积极的自豪感是我们任何一个人都可以马上赢得的。它来自采取行动——即使是在不方便或不舒服的时候——并让自己保持卓越的标准。每次你带着理所应为的骄傲去执行，你就强化了自己最好的一面。

激情在哪里

我们都有过这样的经历，对某件事情充满激情，以至于其他一切似乎都在眼中消失了：也许在你指挥一场大型活动时，也许当你在训练孩子们的足球队、做家庭装修项目、演奏音乐或绘画时，你会感受到这种激情。不管什么活动，你都是如此着迷和全神贯注，以至于你付出了所有一切。我相信，激情是几乎所有人行动的关键驱动力之一；我发现，激发你的激情是培养强有力的领导力的绝对关键因素。

当我在一群人面前讲话时，我的激情被激活了——此时此刻，我表现出了我的绝对关键因素。我对公开演讲的热情让我早上从床上一跃而起不再睡懒觉，并让我不辞辛劳去各地出差。因为这种激情，我一直想要克服——并最终克服——多年来阻碍我成为一名成功演讲者的许多障碍。今天，我很幸运能在各种会议上和公司活动中当着众多观众的面发表演讲。但我花了很长时间才明白这一点。我花了几年时间在全国各地出差，从一个工作地赶到另一个工作地，手里拿着公文包，住在昏暗的汽车旅馆里。我没有挣很多钱，还不得不长时间离开家人。但我能坚持下来，部分原因是我对演讲充满热情。最终我得到了回报。

事实证明，激情是我们最大的盟友之一，它帮助我们找到必要的手段，在遇到阻力时采取行动。我们需要它来勇敢地执行我们的计划。然而它并不总是对我们可用。有时我们会失去激情，而某个特定的活动、职业道路，甚至一般的生活就开始变得索然无味。在那些时刻，激情不会自然流动；它需要亲身应用。但是怎么做呢？

根据我的经验，点燃激情的最强有力的方法是与你的核心使命联系起来。你的人生目标可以回忆觉醒领导力的第一个维度，它们是你生活的一种命题陈述，是关于你是谁以及你为什么会在这个地球上的大愿景。我喜欢每天花些时间思考我的核心使命。时光飞转流长，这么做是一种人生确认的体验。但是当激情似乎已经消逝之时，花时间去连接核心使命这个基本方向，它可以像北极星一样指引你穿越荒野。最终，你会希望你与这个使命的联系变得强大和清晰，以至于它能在生活中不可避免的起伏中幸存下来，并成为力量的持续源泉。

通过培养更深层次的激情，也就是与你的核心使命相联系的激情，你将更容易弥补愿景和行动之间的差距。你将充满活力，继续前进，即使周围的一切都反对你。

精确执行

生活的某些领域需要比其他领域更精确。例如，如果你在驾驶飞机或者做心脏手术时，你对细节的关注——或者缺乏关注——会比你在修剪草坪或者和朋友一起踢足球时产生更大的影响。在领导力中，需要你更多关注和专心的是"比赛时间"的情况。最好的领导者有能力察觉到何时何地需要更精确的信息，并有勇气在那些时刻以适当的精确度执行。

精确执行的好处是显而易见的。你犯的错误越来越少，机会就会越来越多，最终你驾驶的轮船就会越来越坚固。如果你粗心大意，你成功的可能性就小得多。但是精确还有另一个你可能没有考虑到的好处，那就是更多地与心态有关。当你把自己保持在一个精确的标准上时，你就会对你所从事的任何工作的成功产生强烈的关注，这种心态会影响到你的整个团队。突然之间，你和你的团队不仅仅是走过场，你们每个人都对手头的任务有了更高层次的认识，我称为"激光聚焦"，因为就像聚焦光束一样，这种意识有能力穿透你面临的几乎任何挑战或障碍。

精确执行还有助于你更好地利用时间和精力。当你的团队像"激光聚焦"一样专注于一个目标时，你们都不太可能偏离正题，你们的行动都将朝着同一个目标前进。你将更容易设置工作的优先级，避开任何与你正在做的工作的主要方向无关的事情。激光聚焦创造了自身发展的动力。这种势头是会传染的。作为一名领导者，你有责任为他人定下基调。当你带来高度的精确与专注时，其他人也会受到同样的启发。它让人们走上正轨，达到更高的标准，并把每天的心态提升到与你同样"激光聚焦"的水平。

三个品质相结合的力量

当你致力于高度的精确与专注时，你所做的一切都会变得超负荷。你不再浪费时间或犯愚蠢的错误，你开始产生动力，驱使你周围的人一起行动。你对自己正在做的工作感到非常自豪，你对自己的执行充满激情，你让自己和他人保持精确的标准。这是一个成功的结合。当你学会用这些品质去执行时，所有伟大的领导者很自然就知道如何在最重要的时刻采取勇敢的行动。因为比赛时间到了。

改变需要勇气

最有效的领导者是那些已经养成采取行动习惯的人，因为面对变化，他们是最有信心的人。作为一名领导者，你必须准备好应对不断变化的现实，无论是发展你的领导力，还是试图改变公司的制度和文化。问题是做出改变很难。这就是为什么你需要掌握我所说的勇敢行动的内涵。

根据定义，改变要求你走出舒适区，进入新的未知领域。当你试图改变自己的行为时，你可能经常会觉得自己像是在做噩梦，梦见自己没穿衣服就出现在学校——丝毫没有做好准备，随时都会失去平衡。当你试图改变整个文化时，你不可避免地会招致周围每个人的消极和抵制。在这种情况下，你可能会发现自己很弱小，发现你没有什么经验来帮助自己决定下一步该走哪条路以及如何走。许多人发现自己走出舒适区时，就会僵住，失去前进的能力。此时，行动的勇气就变得特别重要。如果你已经养成了勇敢行动的习惯——自豪、激情、精确地行动——即使你没有参照点，你也会更有信心地步入未知领域。掌握这个维度的觉醒领导力，你会在舒适区之外更加舒适，你不会被变化吓倒。事实上，你会勇敢地接受它。

> ❑　**化责任为勇气**
>
> 对许多人来说，这个维度的觉醒领导力可能非常具有挑战性。执行——尤其是用我们讨论过的勇气来执行——并不容易，而且需要胆量。如果你发现很难进入这个维度，你可以尝试一个我经常让客户使用的技巧：如果你不能为自己采取行动，那就为别人采取行动。正如我们在"应得心态还是责任心态"一章中所探讨的那样，我们都是庞大关系网络的一部分，有很多人依赖着我们。我发现，从这个有利的角度思考自己，往往会激发勇气去采取哪怕是最困难的行动。
>
> 关于责任如何激发勇气的一个更有力的经验，产生自我和一个客户的合作中。阿尔弗雷多是一家大型跨国营销公司墨西哥和南美分部的首席执行官。他是一个很好的领导者，他聘请我来帮助他把工作提升到一个新的水平。我和所有客户一起做的大部分工作是360度评估。通过这个工具，他们接受了个体化的评估，我也接触他们

的员工、老板和团队成员，了解他们的印象。当我得到了所有的反馈，我与客户一起制定一个领导力发展计划，利用他们的天赋，弥补他们的差距。在这个过程中，最重要也是最后一个组成部分是我要求客户向他们的团队展示他们的评估结果和最初的领导力发展计划。

阿尔弗雷多在这个过程中的所有步骤都非常轻松——除了向他的团队做最后陈述。到了和他的团队分享结果的时候，他退缩了。我们召集了他的高级领导团队的18名成员开会，他们在会议室集合，等待阿尔弗雷多的介绍。但是他害怕向他的直接下属承认自己的缺点会让他们不那么尊重他。他简直被吓住了，找不到勇气离开他的办公室。这时，我为他打开的思路。我告诉他，他这样做对于团队中的每个人都很重要。如果他能找到示弱的勇气，他将会激励所有人。他会通过自己勇敢的行动而为他们树立伟大领导者的榜样。

他成功了！受到这种"以他人为导向"动机的启发，阿尔弗雷多鼓起勇气面对他的团队，并通过了他的评估结果和领导力发展计划。他勇敢地分享了他需要改进自己领导力的领域以及他这样做的计划。他的行动带来的影响是深远的。他告诉团队成员，只有当他们支持他的时候，他才能成为一个好的领导者，他需要他们中的每一个人。在他的演讲结束时，他的团队成员站起来为他鼓掌。他非常感激他们的支持，他眼里含着泪水拥抱了他们每一个人。

阿尔弗雷多亲身体验到他对他人的责任如何带给他勇气去做他认为不可能的事情。这增强了他作为领导者的能力，并在他的核心团队中建立了强烈的信任感。

终极催化剂

在成长过程中，我并不是一名优秀的理科生，但我对高中化学课上进行的一次特殊实验有着永久的记忆。我们将一种透明液体倒入烧杯中，然后慢慢地将另一种液体一滴一滴地加入容器中以观察变化。对于最初的几滴，烧杯中液体的颜色始终保持透明。但是突然，一滴液体使烧杯所有的液体瞬间变成蓝色。在合适的容积下，这些液体起到了催化剂的作用。

这个维度的觉醒领导者对其他各个维度都有相似的催化作用。当你给它们中的任何一个维度加上"勇敢行动"，它就会变得强大，或者被放大。勇敢行动是把所有其他维度聚集在一起的因素，它使我们实现从愿景到行为的转变。

以第一个维度——"非同凡'想'，目光远大"——为例，正如我们在那一章中所讨论的，"非同凡'想'"的一个潜在弱点是它仍然只是一个"非凡的想法"。我们都见过相当多的"创意者"喜欢高谈阔论，但即使他们的想法再聪明，如果只是想想而已也不会带来太多真正的改变。"非凡的想法"需要勇气采取行动。当你培养这个维度的觉醒领导力时，你就发展了一种能力，将最崇高的想法变成现实。你的想法植根于执行落地，因此更有分量。觉醒领导者知道如何思考并做行动的巨人。

谈到第二个维度"勇于示弱"时，勇气绝对至关重要。与世界上的约翰·韦恩式领导者们所说的不同，示弱是你作为一个领导者所能做出的最勇敢的行为之一。示弱不是那种你凭想象就能做到的。你必须行动，尽管你可能有恐惧或不适。同样，行动是示弱的关键催化剂。

在本节前面的"化责任为勇气"案例框中，我谈到了责任心态所具有的强大力量，正是这种力量帮助你找到在困难情况下行动的勇气。记住，这种心态基于你认识到有多少人依赖你。当你在这种情况下采取行动时，它就会产生远远超出你自身的连锁反应。

最后，或许也是最重要的一点，行动是你利用和弥补差距的关键因素。虽然自我认知很重要，而且仅仅从理解你的优势和劣势就能获得显著的好处，但当你基于这种理解改变自己的行为时，这个维度的真正力量就来了。这个维度如此强大的原因之一是，我们中的许多人都有自己的优势，但却没有充分发挥出来。当我们面对差距时，我们没有勇气站出来解决这些问题，也没有勇气做必要的工作来改善阻碍我们前进的环境。而行动正是使所有这些发生作用的秘诀。

要行动，更要明智地行动

如果理解正确的话，这个维度的觉醒领导力带给我们的唯有好处。然而，当人们试图以自豪、激情和精确的方式迎接挑战时，他们会发现一些常见的陷阱。最大的危险是太倾向于专注行动，而忽略了采取行动的大背景。如果你是一个"实干家"，或者是一个不愿意三思而行的人，那么这可能是你需要特别注意的问题。

我发现这种情况有时会发生在我非常忙碌的工作期间。我会在早上醒来，打开我的收件箱，然后开始回复。我有如此多的工作要做，以至于我觉得我只需要用纯粹的行动来应对它们。但是这经常会导致我浪费很多时间，变得疲惫不堪，或者忘记做更重要的事情。我盲目行动，会导致问题的产生。

还有比这更严重的情况发生。当面对一个庞杂的问题时——无论是个人的还是专业上的——你都会有强烈的冲动去做出反应。这种情况经常会不假思索地发生。最近，我有一个客户就面临这样的情况，他对我说，他不再只是简单地"被动"执行，而是努力做到进行"战略"思考。在进入执行阶段之前，他花了必要的时间从多个角度考虑问题。

这是领导者的基本素质。作为一名领导者，你应有能力区分何时需要采取行动，而何时需要更多策略。你可以激励你的团队采取行动，或者为了更彻底地思考问题而推迟行动。最好的领导者总是行事明智的。

所以，当你培养行动的勇气时，重要的是你也要对自己和正在做的事情抱有一个大愿景。不要把战略思维误认为是那种经常妨碍勇敢行动的"过度思考"。虽然你永远也不想逃避采取行动，但重要的是你要花时间去理解你为什么要做这些事情，以及这些事情如何融入驱动你日常生活的更大战略和愿景中。勇敢地行动，同时也要明智地行动。

变得勇敢

你可能认为有些人天生就拥有采取勇敢行动的能力，而你不是那种人。然而，根据我的经验，这个维度的觉醒领导力需要大量的实践和努力。面对内部、外部的障碍和阻力，采取勇敢行动具有挑战性。确实如此。老实说，我们大多数人都没有勇气采取无畏的行动。我们倾向于避免面对有挑战性的情况，并尽最大努力待在我们的舒适区内。但是如果你想成为一名领导者——一名真正勇敢的领导者——那么你就必须磨炼你的胆量。你需要养成一种向障碍冲过去的习惯，而不是躲开它们。

以下是一系列激发行为，你可以采取这些行为来发展或强化自己勇敢行动的能力。与其说它们是"如何做"的指南，不如说它们是勇敢行动的基石。它们既是练习又是品质。

（重新）连接核心目标

在第二章里，我们通过创建《核心使命声明（CPS）》为觉醒领导力之旅设定了路线。你可能还记得，你的CPS是你能为生活和工作创造的最大可能的愿景。它基于深层的问题，比如"我为什么在这里？""我来到这个世界上做什么？"相比之下，本章的内容都是关于行动，以及如何做到勇于自豪、激情和精确地执行。以我的经验来看，最深层次的勇气来源于对自己有一个强大而深思熟虑的愿景——一个足以让你在生活的波涛汹涌的大海上漂浮的愿景。

当与我共事的高管们相信并接受首先做更深层次工作的力量时，他们不仅会采取积极的行动作为回应，而且会以难以置信的自豪、激情和精确来做这件事。通过挖掘你灵魂的深处（也许是第一次）并创造出你必须成为的人或领导者的本质愿景，你开始看到自己的旅程实际上不是关于你自己，而是关于其他人。你开始意识到自己对幸福和自我的追求根本不是自私的追求，因为你现在看到的自己的幸福是由你带给他人的幸福所推动的。这种"以他人为导向"的动机产生了巨大的勇气。

所以在这个过程中，我建议你花些时间重新连接你的核心使命。如果你跳过了那个练习，没问题，现在正好有借口回去做了。当你接触到你的CPS所基于的宏大愿景时，请注意它给你带来的感觉。不管你面对什么，你觉得你有更多的信心采取行动吗？对大多数人来说，答案是肯定的。

评估并保持自豪

正如我们在本章中详细讨论的那样，对你的工作有一种健康的自豪感是勇敢行动的一个关键部分。想要为自己和你的工作感到自豪是一种心态，当你从事任何活动时，这种心态都会伴随你前进。回顾你过去的行为，你对自己的成就在多大程度上感到自豪，将评估你到现在为止一直是什么样的领导者。

我想和你们分享一个我和许多客户做过的练习。想想你在过去的一周、一个月和一年里所采取的主要行动。这些行动可以是个人行为，比如使用新的锻炼或饮食方式，也可以是与工作相关的活动，比如发起一个项目。为每个时间刻度（周/月/年）列出两个或三个行动。现在回顾你的行动，考察你为每一个行动所做的工作有多自豪。你是否觉得你所做的工作反映了你最大的努力？还是觉得你为了完成它而投机取巧？用1~10为每个行动打分，10分代表最高程度的自豪感。

一旦你回顾完你的清单，请对你的分数进行评估和反思。这些评估结果是否反映了你对自己工作的自豪感？你是否还有成长的空间？对于得分最高的行动，你的工作是否给了你最大的自豪感？工作质量是否高标准？这是否因为你坚持完成了一些非常具有挑战性的工作？你是否为自己的行动对他人产生影响感到自豪？现在，请找出你得分低于其他人的活动，并反思为什么你对自己所做的工作没有感到自豪。你能做些什么来改进你将来在类似活动中的工作方法？

这个练习本身会让你处于一种对自己的所作所为感到非常自豪的心态中，不管你对自己过去的行动有多骄傲。这种心态是一个基础，在此基础上你可以带着更大的自豪感采取新的行动。

找到并释放你的激情

你认为自己是一个充满激情的人吗？为什么？请记住，我并不是在谈论激情的陈词滥调（比如热爱拉丁舞或成为美酒和诗歌的鉴赏家）。我说的是对某件事如此执着以至于迷失在其中。激情是为某事付出最大努力，不是因为你必须做，而是因为你想做。激情是推动勇敢行动的发动机。

奇怪的是，从我迄今为止在高管教练职业生涯以及工作之外的生活中所遇到的情况来看，很少有人认为自己充满激情。这部分是因为我们不熟悉这个词最广泛的含义，部分是因为我们自己看不到它。出于这个原因，接触他人（你的支持网络）是一个了解你有多么充满激情以及你的激情在哪里的很好方式。你可以和你所爱的人、同事或信任的朋友交谈。询问他们认为你有多"激情"。还要询问细节，比如他们认为你对生活中的哪些方面最有激情，他们见证你充满激情的例子有哪些？

一旦你得到了一系列好的答案，就对它们进行评估。这些回答让你吃惊吗？你的支持网络看到了你没有意识到的激情吗？是否还有他们没提到的你感兴趣的事情？大多数人发现这个练习给了他们一个了解自己的新窗口。更重要的是，这个练习将他们与更深层次的激情联系在一起——不是对特定事物的激情，而是一种为他们的所有行为提供动力的更为普遍的激情。

Staying Present and Being Vigilant

第七章

专注当下，保持警觉

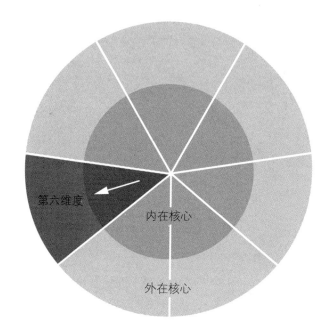

第六维度

内在核心

外在核心

我们生活在一个注意力分散的时代，这并不是一个多么深刻的文化洞察。只需在任何公共场所四处看看——在火车上、咖啡店里，甚至在人行道上——你很可能会看到大多数人"在线移动"，戴上耳机，眼睛盯着他们的手机或平板电脑。智能手机和几乎无限的互联网接入，以及多种社交媒体平台的出现，创造了一个我们大多数人不断被信息轰炸的世界。Udemy平台在2018年的一项研究①发现，3/4的员工在工作时会分心，令人惊讶的是，36%的"千禧一代"和"Z一代"员工每天至少花两个小时在手机上进行非工作活动。事实上，我们经常感觉自己被淹没在持续不断的短信提醒、社交应用更新和接打电话中，所有这些都需要我们的高度关注。

---

① https://research.udemy.com/research_report/udemy-depth-2018-workplace-distraction-report/.

注意力似乎是很重要的。

与此同时，生活和工作的节奏似乎也在加快。我们不断更新的技术让我们每天都可以塞进更多东西——活动、项目、关系，甚至工作。我们现在可以同时在多个地方进行连接，尽管是虚拟的。一个朋友最近告诉我，他度过了一个"假"周末，天天躺在椅子上用他的手机打商务电话。感谢所有这一切为我们的生活增加了更多的机会，我们比以往任何时候都更有效率。然而，我们也经历着对时间越来越大的需求。在工作中，甚至在我们的个人生活中，我们承受着越来越大的快速行动的压力，通常是以花费足够多的时间做出正确的决定并把事情做好为代价。不仅如此，在我们的时间表中寻找空间让我们的大脑放松或思考，这本身就成了一项工作。

在这样一个时代，领导者和管理者的压力尤其巨大。随着你越来越接近"食物链的顶端"，对执行计划和履行职责以及快速完成任务的需求就变得越来越强烈。结果，许多领导者发现他们经常被迫"抄近路"，走得比他们希望的更快。个人和组织越来越感到恐慌，这阻碍了他们进行良好的、坚实的、通常很耗时的战略思考。

在这种时间压力和信息超载不断增加的氛围中，能够排除干扰并保持注意力集中的领导者有很大的优势。我称这种能力为"专注当下，保持警觉"。这是觉醒领导力的第六个维度，也可能是最相关的层面。专注当下让你清醒地意识到你所处环境的多维复杂性。在你与他人的互动和关系中专注当下可以建立信任，改善沟通。而你越警惕，犯的错误就越少，你就会变得越有效率。

我发现，当今的伟大领导者与仅有能力者是有区别的，因为不管他们遇到什么样的外部压力，他们都会严于律己，专注当下。然而，这可能是觉醒领导力中最难实施的要素，尤其是在如今这个时代。这需要勇气，这需要承诺。最重要的是，克服干扰并成为一个真正的当代领导者，需要你对改善周围人的生活做出深刻的贡献。我们将在本章进行探讨。

欲速则不达

专注当下和保持警觉的最重要因素之一是花时间放慢脚步，理解每一个情况、决定或时刻，这样你就能做出更有效的决策。我有一个朋友，一名前海军军官，她有一个最喜欢的座右铭："慢就是平稳，平稳就是快速。"这个短语是她从海豹突击队学到的，源于拉丁语"festina lente"，翻译过来就是"慢慢来"的意思。对她来说，"慢慢来"的价值在于，当你做事时从容不迫，你就不会犯错误。当你不犯错时，你实际上会走得更快。或者，当你匆匆忙忙的时候，你经常以不完整的信息结束行动，这样更容易出错。清理你的错误所花费的时间比你匆忙完事节省的时间要多得多。

对我们许多人来说，"欲速则不达"似乎是常识。当我们还是孩子的时候，我们从"龟兔赛跑"的经典故事中就了解到，有时候为了"赢得比赛"而放慢脚步会更好。但我们都知道，将这一课付诸实践实际上可能非常困难，尤其是在高压的情况下。事实证明，我们天生就有快速前进的神经系统。

行为心理学家、诺贝尔经济学奖获得者丹尼尔·卡尼曼在他2011年出版的畅销书《思考，快与慢》中，提出了一个经过深思熟虑和充分研究的论点，解释了为什么"慢速思维"在当今世界如此重要。他指出，我们在任何特定情况下都在使用两种不同的思维"系统"。"系统1"是直觉思维，基于我们最初的印象；"系统2"是分析性思维，建立在仔细思考和解决问题的基础上。为了成为更有效的思考者，我们需要优先考虑分析性的"系统2"思维，并弱化直觉性的"系统1"思维。

当然，这可能很有挑战性，尤其是在我们的超光速世界里。当我们快速前进时，我们的自然倾向是跟着直觉走（"系统1"思维）。将卡尼曼关于我们大脑的说法融入其中：它们天生会根据我们所获得的信息寻找模式和创造故事，这有助于我们理解现实。但是这种寻找模式的能力会适得其反，尤其是当我们走得太快的时候，因为我们经常发现联系和叙述不准确，并且基于不完整的信息。因此，为了避免犯下凭直觉行事或根据不完整信息采取行动的错误，我们需要放慢速度，花时间去运用正确的思维方式。

这就是专注当下的意义所在。当我们能够集中注意力的时候，就可以理解思维的动态，并且不容易过早地下结论。我们可以花必要的时间来使用"系统2"思维，并运用谨慎的思考和分析，根据更准确的信息做出选择和采取行动。这样，我们就不太容易犯错误和做出错误的假设。

一次又一次，我发现这个维度的觉醒领导力对我的客户来说很难理解，至少最初是这样。当我们花时间探索价值观和思维模式时，他们总是问我："约翰，所有这些分析都很棒，但是我们什么时候开始行动？"我的回答总是这样的：我们不能在没有做出正确诊断的情况下就开出处方。在我们采取行动之前，我们需要花费必要的时间来确保我们了解"幕后"发生了什么。如果做不到这一点，就有忽视基本问题的风险。

最好的领导者是那些花时间思考问题并鼓励其他人也这样做的人，不管他们面临的时间压力有多大。他们明白,把事情做好总是比迅速完成更重要,即使这意味着推迟最后期限或者没有达到目标。最好的领导者是那些深刻理解"为了快速前进而缓慢移动和思考"这个悖论的人。

❑ **为新奇创造空间**

　　微软创始人比尔·盖茨讲述了一个关于花费时间专注当下的很有说服力的故事。作为世界上最大科技公司之一的总裁,在他的整个职业生涯中,甚至是现在,当他管理着比尔和梅林达·盖茨基金会的时候,盖茨先生承诺每年抽出两个星期的时间,完全脱离他的工作、家庭和整个世界,去思考未来。在"思考周"期间,盖茨把自己隔离在树林中的一个秘密小屋里,完全与互联网、电话、电视和新闻隔绝。他与家人、朋友或同事没有任何联系。他带在身边的唯一东西是书籍和创新建议。盖茨在"思考周"的目标是让自己了解所在领域和邻近领域的最新思想,并思考未来。

　　隔离的这些星期产生了作用。他曾在一个"思考周"期间想出了微软平板电脑的主意。有传言说他在1995年的静修促使他写下了著名的《互联网浪潮》备忘录。隔离使新思想有了蓬勃发展的空间,他成功地预测了互联网将如何迅速改变整个技术产业,以及微软需要如何改变以避免落后于时代。

　　在这个例子里,世界上最忙碌的人之一找到了时间——一年整整两周——仅仅是为了反思他所在行业的当前问题和思考未来状态。他并不孤单。我见过许多最伟大领导者的例子,他们肩负的责任比大多数人都多,他们似乎总能找到时间走出日常琐事,找到拓展思维的空间。

理解你对他人的影响

在信息过载的时代，我们许多人学会生存的方法之一就是低下头，关掉噪音，开始工作。为了保持专注和高效，你屏蔽了世界的混乱，这就相当于关上你的门，挂上一个"请勿打扰"的牌子。虽然这种近乎疯狂的关注在短期内可能很有益，但它会将你从周围复杂的人际关系和互动世界中分离出来。虽然你可能会集中注意力，但你"活在自己的头脑中"，不知道自己行为的后果。诚然，当以这种方式行动时，我们可能会感到高效和专注，但更多时候，我们会在不知不觉中对周围的人造成巨大破坏。

尽管隧道美景可能很吸引人，但如果你想成为一名领导者，视野狭窄不可接受。在第四章中，我们讨论了领导者行事时必须有责任心态——意识到他们是其中的一部分。你没有权利不去了解你周边的联系。专注当下和保持警觉的觉醒领导力亦是如此：敏锐地意识到自己的"行为足迹"。你努力保持警觉，部分原因是为了理解你对周围人的影响。当我们接触到我们的足迹时，我们有更好的机会让它成为一个积极的足迹！我们的行动可以鼓舞他人，提高工作效率，或者解决问题。如果忽视自己的影响，我们就有可能使已经具有挑战性的情况变得更糟。

最伟大的领导者是这样的一些人：他们真正理解自己的行为（无论粗略还是微妙）对周围的人能带来多大的影响。我有一个客户名字叫亨利，我永远不会忘记他在这一点上告诉我的事情。亨利是中西部一家能源公司的首席财务官。他是一位老派高管，是那种出门时总是脸刮得很干净、穿着很得体的人。他告诉我："约翰，对我来说，第一印象每天都在更新。每天早上在我上班的路上，我都会想到团队中的每一个人，以及我怎样才能让他们的一天变得愉快。这种练习帮助我充满活力地进入办公室，不管我生活中还会发生什么。我愿意向他人'展示'，我想向他们——通过我自己的例子——说明前景是美好的。"

亨利真正理解他对别人的影响，他有自己的方法来确保自己永远不会忘记它。甚至像他每天早上走进办公室时是否微笑这样微小的事情对他来说都很重要——对周围的人来说也很重要，即使他们不一定意识到这一点。这就是专注当下的力量。你甚至可以看到从你的所作所为和你阅读本书所引发的最小的涟漪。你的影响并不总是完全积极的，但是如果你努力在意识中注意你的行为足迹，你的系统影响很有可能会向好的方面倾斜。

为他人腾出时间

没有足够的时间与我们生活中的人相处——无论他们是我们的朋友、家人还是同事——这对我们今天的许多人来说都是一个普遍的挑战，尤其对于在工作场所负有重要责任的领导者而言更是如此。我们经常觉得自己像是在一台每天、每周和每月都快速运转的跑步机上，几乎跟不上节奏。鉴于对时间和注意力的巨大需求，我们通常不会优先考虑我们与他人的关系。我们总是告诉自己："一旦我完成了某某事，我就有时间陪他们了。"但那个时候永远不会到来。

如果你想成为一个强有力的领导者，无论你有多忙，你都必须想办法为他人腾出时间。这意味着你需要努力与生活中的关键人物——家人、朋友、同事、队友——保持联系。这样做会让别人知道你很重视他们。这能够建立信任。我认为领导者有责任比其他人更加努力地建立关系。作为一名领导者，你应该认为自己是所在的许多圈子里的人们相互之间联系的管理者。

我记得一个客户告诉我他与团队一起工作的故事。他们在一个大项目上难以取得进展。似乎不管工作多长时间或有多努力，他们都没有接近目标，最后期限很快就要到了。他决定尝试一些完全不符合他品格的东西。在一个星期三的下午，他关闭了办公室，带大家出去喝酒。这给了每个人一个放松和谈论工作以外事情的机会。此外，这也表明他把每个人都当作"人"来看待，而不是把他们当成机器人。尽管从某个角度来看，他们没有时间休息，但这次聚会提高了士气，并最终提高了生产效率。到周末，他们就已经圆满完成了项目——所以他们又出去喝了一杯庆祝。

在为他人腾出时间时，质量和数量同等重要。当你和他人在一起时，重要的是你要完全专注当下，这在智能手机时代变得越来越罕见。现在，一起吃饭的朋友把手机放在桌子上已经很平常了，他们对收到的短信和吃饭时的谈话一样关注。我无法告诉你我参加过多少次董事会，每个人都在自己的小世界里，打开手机或电脑，而不关注房间里发生的事情。他们根本没有在"开会"，因此会议没有任何效果。人们听不到彼此的声音，会议也没有什么成果。尽管这种情况看起来匪夷所思，尤其是对我们这些年龄足以记得前智能手机时代的人来说，在与他人的互动中充分展现自己已经成为一种独特的技能。作为一名领导者，从随意的互动到正式的会议，你将为团队或组织中的人在其中的表现（或不表现）定下基调。因此，你完全专注当下的熟练程度至关重要，就像做任何事情一样，这需要练习。

专注当下需要勇气

关于"专注当下"的另一种思考方式是"正念"的实践，这是一个从佛教借来的概念，过去十年间在西方世界变得非常流行。正念，本质上是尽可能多地意识到现实——从内到外。

我最近应邀到缅甸的一家公司演讲，缅甸是一个以佛教为主的国家。观众席上有几个穿着栗色长袍、剃着光头的佛教僧侣。在我的演讲之后，一些僧侣告诉我，他们非常欣赏我的领导力发展方法，以及这些方法与他们的文化世界观有多么相关。他们觉得与我的工作有如此联系的一个原因是我强调对"专注当下"的培养，他们认为这就是"正念"——他们佛教所实践的核心原则。随着我们谈话的继续，其中一个人和我分享了一件我永远不会忘记的事情。"专注当下需要勇气，"这位僧侣没有丝毫讽刺地继续说："有时候你能做的最难的事情就是什么都不做。"

这让我很震惊。这些外表和行为都很平和的僧侣，他们是勇敢的人，一生致力于在一个不断有压力的世界中完全专注当下和保持觉醒。即使在缅甸这样一个佛教僧侣占人口相当比例的国家，人们可选择的职业也变得越来越少，更容易受到来自整个文化的挑战。今天的世界都是以行动和结果为目的，我们应该做的最后一件事就是花些时间专注当下——也许世界会因此而令人惊叹。无论你是像僧侣一样做几个小时的正念练习，还是作为一个领导者只是努力放慢速度，在工作场所表现得更积极，你都必须逆流而上。无数的需求需要我们的关注，越来越大的压力需要我们迅速地交付成果，而顶住各种压力以免行动过快或者心烦意乱，这需要很大的勇气。

正如我们已经讨论过的，勇气需要面对阻力采取行动。这需要做一些不受欢迎的事情，或者打破常规，要知道很可能会有很多反弹。想想比尔·盖茨——一个待办事项清单可以填满一个公共图书馆的人——需要有多大的勇气在一年中有两个星期不去做这些事情，而是花时间去思考。想想我的朋友冒险在一个周三的下午请他的团队喝酒，表现出的真正的勇气。想想一个人每天从紧迫的最后期限中抽出时间与生活中的关键人物联系所需的勇气。最好的领导者都会找到专注当下的必要手段。他们把它作为工作的一部分。

思考但不过度

在这一章里，我们详细讨论了专注当下的重要性，无论是在行动前仔细思考，还是花时间与生活和工作中的关键人物进行交流。但是，就像觉醒领导力的各个维度一样，好处可能太多了。当谈到专注当下和保持警觉时，最大的危险是我们会倾向于过度思考，在"当下"花太多时间，而没有进入未来。

虽然不存在太过清醒或太过当下，但你有可能被冲昏头脑，陷入无所作为。在任何给定的情况下，总会有一点你已经做了尽职调查，并且足够慢下来以意识到你所面临的复杂性。你必须做出决定的时候到了。如果你迷失在思考的实践中，并且没有与其他维度的觉醒领导力保持平衡，那么你就有可能成为一个过度思考的人，永远不会有所作为。

当腾出时间给别人时也是如此。你需要找到正确的平衡，既要与他人沟通，又要满足自己的生活需求。我曾与那些花太多时间担心他人以至于让自己发疯的领导者共事过，他们通常没有时间或空间来确保自己得到了自己需要的东西。在照顾你周围的人之前，你必须戴上你自己的氧气面罩。和其他维度一样，这个维度的关键是找到正确的平衡。

觉醒领导力矩阵

我们学习到这里，你可能会注意到觉醒领导力的许多维度是多么紧密地联系在一起。事实上，随着我们对觉醒领导力的深入了解，如果不经常提及其他维度，就很难引入任何新的维度。觉醒领导力的美妙之处在于，每个维度都包含了所有其他维度的暗示。

让我们来看看，例如，本章所讲的这个维度的觉醒领导力就与"勇于自豪、激情和精确地执行"这个维度之间有联系。专注当下需要勇敢地行动，即使"行动"实际上已经停止了。同样，当你努力在你的行为中注入自豪、激情和精确时，你自然就会给你正在做的每一件事带来更大的存在感。

我们还谈到了责任心态对于我们提高专注于当下的能力所发挥的重要作用。事实上，我们越专注于当下，就越能与我们所属的更大系统联系在一起。

还有一个维度"利用天赋，弥补差距"，它的一个关键前提是花费时间和创造空间反思自己。当你认真对待这个维度的觉醒领导力时，自然就会增强对你的行为如何影响他人的意识。

比尔·盖茨的"思考周"是一个很好的例子，展示了专注当下如何与第一维度的觉醒领导力——"非同凡'想'，目光远大"——产生互动。

如果你从来没有花时间走出日常事务的持续纠缠，你就永远没有空间去用新的方式思考。盖茨的一些最大、最具创新性的想法正是来自为新思想的出现创造的空间。

"勇于示弱"这个维度亦如此。在许多方面，专注当下和示弱是同一枚硬币的两面。没有示弱就没有专注当下。在很多方面，示弱会让你意识到你对周围每个人的影响。

你能看到这些维度是如何相互作用的吗？

练习专注当下

我听过一个词——"猴子思维"，用它来描述我们现代人过度分神的状态最合适不过了。就像在丛林中游荡的野猴子，我们的思维经常随机地从一个想法跳到另一个想法，很快就被进入我们视野的每个闪亮的物体分散了注意力。我们只需留意一下一天中注意力分散时的思路就明白了。你可能在给同事写一封电子邮件，20分钟后你却在亚马逊网站上买新鞋，而手机此时播放的是有趣的小狗视频。如今，人们常常会觉得"猴子思维"是一种永久的状态。因此专注当下比以往任何时候都要难。

幸运的是，我们的"猴子思维"可以被训练。今天有无数的实践和工具可以帮助你集中注意力，专注当下，并保持警觉。我建议你找到一套适合你的工具。下面是一些原则和实践，我希望你要多加注意。

少即是多

最容易造成我们注意力分散的是过度承诺。我们错误地认为，如果我们把更多的项目塞进日程，就会变得更有效率。在努力兑现承诺的过程中，我们会一心多用，如果我们能专注于手头的工作会更好。可以预见的是，我们尝试做太多的工作，只会导致很多工作不达标。过度承诺让我们处于一个不断分心的循环中，这使得我们无法真正专注于当下的工作和人际关系。

我发现专注于当下的关键之一是我所说的"有节制地追求更少"。我们没有人有无限的时间和注意力，所以知道我们应该关注什么和忽略什么是很重要的。这可能是一个具有挑战性的过程，因为一切似乎都很重要！但是如果你能明确自己的优先事项，确定生活中真正重要的是什么，然后剔除那些对你更大的目标没有直接贡献的东西，那么你的时间利用会变得更有效率。

作为一名领导者，你不仅要为自己做这件事，还必须为你领导的团队设定并保持优先事项的顺序。你必须是那个让事情得到专注的人，当船偏离航线时，你必须做出修正，让每一位船员都专注于能产生最大影响的几件简单的事情。如果你能达到这种善于简化的专注程度，对于你自己和团队来说，你能完成的远比你过多尝试的要多。

深呼吸

几千年来，人类一直在使用简单的呼吸技巧来帮助保持注意力。当我们的大部分生活似乎都受到繁杂的精神世界冲击时，僧侣、冥想者、瑜伽练习者，以及任何想从生活压力下寻求一点喘息空间的人，都转向使用简单的呼吸技巧来集中注意力，使自己更专注于当下。

我建议每天花点时间听听自己的呼吸。这有助于你为新的一天做好准备，也有助于你在不知所措时冷静下来。当你倾听自己的呼吸时，你的全身正在调谐到一种单一的行为，这使你能够与这个世界相隔离，并将事情放缓至一个可管理的水平。它可以帮助你避免陷入消极的想法和情绪，这些想法和情绪会在你处于压力时迅速上升。

当你发展自己专注于呼吸的能力时，你自然会发现自己有更多的时间做其他事情。事实上，你的意识会扩大。你的"猴子思维"永远不会消失，但是当你发展专注能力时，你将能够看清这种思维的本质，并把它关在笼子里。

过去已经过去

专注当下的最大障碍之一是我们自然地倾向于关注过去。我们中的大多数人至少有一种温和的倾向，即重演事件或经历，分析错误，并为那些可能没有按照我们希望的方式发生的事情而苦恼。如果你注意到自己有这种倾向，你会发现这是一种成瘾症。我们的大脑沉迷于过去，这种痴迷吞噬了我们很大一部分的"带宽"，使我们无法意识到现在正在发生的事情。

当我发现自己陷入这种对过去上瘾的循环时，我会停下来，花一点时间重新关注当下正在发生的事情。我提醒自己——尽管听起来很老套——你不能改变过去发生的事情。你所拥有的就是现在，以及从现在开始你要做什么来创造你引人注目的未来。虽然以这种方式重新专注于当下并不能完全治愈我对过去的依赖，但它给了我一个将这些想法拒之门外的"战斗"机会，使我可以将更多的注意力投入当下。

倾听

正如我们在本章中所讨论的，专注当下的很大一部分在你的人际关系中更容易做到。我的一个教练同事阿弗拉·莱拉基，对她的客户使用了一种简单的做法，我也开始对自己的客户使用这种做法。她发现，与她共事的大多数人——其中许多是经理——即便是简单地倾听一下团队成员的意见也没有花足够的时间。所以她鼓励他们每周安排时间"积极倾听"。这可以采取多种形式，但至少需要你确保每周花一点时间与团队中的每个成员联系（无论你如何定义）。在这些沟通中，重要的是你不要说太多，而让其他人发言，并密切关注他们告诉你的内容，不管是私人的还是与工作相关的。

这个简单的倾听练习可以建立你与团队成员之间的信任。这让他们感到被赏识。当知道自己的想法和贡献对团队有价值时，他们就会增强这方面的能力。针对你的公司或项目在各个方面的细微差别和具体情况，这也是保持联系的一个好方法。花时间与每个人保持联系，可以为你提供有价值的反馈和信息。

最重要的是，花时间倾听能建立你作为领导者的信誉。领导者经常犯这样的错误，认为他们的时间比任何人的时间都重要，但这会滋生怨恨。如果你表现出重视团队中的每一个人，他们也会更尊重你这个领导者。

Course Correction

第八章

修正航向

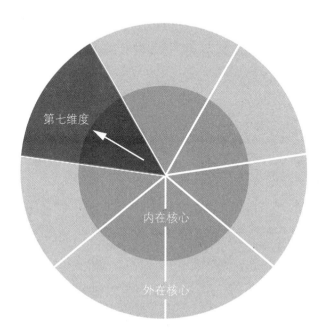

如今，"敏捷"已经成为商界和领导层的时髦词汇。无论是对于个人还是对于组织，关于如何变得更加敏捷，有无数的文章、播客和博客对此进行谈论。我还清楚地记得上一次与我共事的高管和公司也提出将"敏捷"作为首要目标之一。事实上，这是人们要求我帮助他们培养的最常见的品质之一。

所有这些有关"敏捷"的讨论都是有意义的，因为变化是永恒的——无论是在商业还是其他领域。生活在加速向前，大多数行业也是如此。变化发生得如此之快，以至于做出短期预测变得越来越困难，对一些人来说，长期的商业计划正在变成一种徒劳的行为。而在这个新世界中茁壮成长的个人和组织则是那些能够不断进化、创新和改变方向的人。"敏捷"

不仅仅是一个迷人的概念；它现在对每个人和组织都是必需的。

在我为上一本书《文化转型》做的所有采访中，最有意义的一次是采访德勤咨询公司的副董事长兼总经理凯茜·本科。在凯茜的领导下，德勤咨询公司从最后一名发展到了行业的顶尖公司，这在很大程度上是因为凯茜愿意不断创新自己的商业模式，以适应不断变化的行业格局。凯茜对"敏捷"有一种有趣的理解，她认为敏捷是创新的同义词。在我们的采访中，她讲述了一个故事，有力地说明了持续创新的重要性：

我最近和《快公司》杂志的主编聊了聊他们的一个年度专题，在这个专题中，他们列出了全球最具创新性的15家公司。我告诉他，虽然他对前15家候选公司有很大的确定权，但我认为他也正在伤害他的读者。

为什么？我自己对过去10年的创新公司名单做了粗略的纵向回顾，结果发现许多公司一直榜上有名。苹果始终在这个名单上；谷歌始终在这个名单上；但是也有许多公司曾经被认为是创新的，而一两年后它们就倒闭了。

我认为，在美国商界，有许多老公司比那些"炙手可热"的公司更具创新性，它们本有可能列于名单之上，但却没有获此殊荣。我告诉他我可以证明它们的创新性。他问我怎么证明，我的答案是——它们一直还在生存。

对凯茜·本科来说，变化是永恒发生的，如果你不接受这一点，你就注定要失败。今天，要想作为一名领导者或一家公司生存下去，你必须对改变持开放态度。敏捷——我将之定义为"当你收到的结果和反馈指向新的方向时修正航向的能力"——是绝对必要的。

尽管"敏捷"和"创新"是非常迷人的概念——很少有人会质疑它们

的重要性——但实际上很难将其付诸实践，无论是作为个人还是作为群体。改变的意义在于，它需要你去做出改变。你必须停止做一件事，而开始做另一件事。你必须打破你的习惯，创造新的习惯。当事情进展不顺利时，你必须改变方向。作为一个领导者，你需要帮助他人做同样的事情。这是觉醒领导力最后一个维度的核心：修正航向。

我喜欢和我的客户分享温斯顿·丘吉尔的一句名言："成功就是在不丧失热情的情况下从失败走向失败。"但是我总是喜欢加入一些变化。你不仅要以积极的态度从失败走向失败，你还必须从每次失败中学到一些东西。这是你改变的唯一方式，也是你最终成功的唯一方式。最伟大的领导者愿意纠正他们的错误，他们知道如何激励其他人也这样做。这是成为真正敏捷领导者的关键。

在本章中，我们将深入探讨修正航向如何成为一种领导力品质。我们将讨论如何在你自己的生活中、在你所在的团体和组织中，开始展示出对改变的偏好，而不是抵制。

适应心理

掌握修正航向技巧的最大障碍在于我们自己的心理。无论在我们自身还是在我们的群体中，我们的大脑天生就有创造习惯和规范的能力，这都是为了让生活变得更容易。想象一下，如果一切都在不断发生变化，没有常规，你的生活会是什么样子。没有早晨的作息，你就不能起床。想想如果你每天都要走一条新的路线，你上班的路会有多难。模式和习惯有助于使我们的生活稳定，而稳定对于建立一个高效而丰富的生活十分重要。

但是有时稳定会成为障碍，你需要超越你的线路去创造新的习惯。正如18世纪英国伟大的作家塞缪尔·约翰逊的至理名言："习惯的枷锁太弱了，以至于感觉不到，直到它们太强大而无法打破。"如果你想掌握修正航向的技巧，必须找到一种方法，通过培养一种接受改变而非抵制改变的心态，来软化你内心的"习惯枷锁"。我把这种心态称为"适应心理"，我发现所有伟大的领导者都拥有这种品质，至少在一定程度上是这样的。没有它，你会发现自己无法在那些需要改变的关键时刻修正航向。

适应心理有四个组成部分，我们将在本章中探讨。它们既是改变心态的特点，也是培养这种心态的行动。如果你想成为一个敏捷的领导者，体现出这些特点便掌握了修正航向的关键，它们至关重要。

渴望进步

勒布朗·詹姆斯被许多人认为是有史以来最伟大的篮球运动员之一。当他的职业生涯结束时，他将取得篮球运动中几乎所有的成就，并且在众多的统计类别中将成为有史以来的伟大领导者之一。当历史学家回顾他的职业生涯时，他们很可能会举出各种促成他成为伟大领导者的因素：运动能力、竞争精神、对比赛非凡的理解。但对我来说，他有一个品质是最突出的：渴望不断进步。

截至本书撰写之时（2019年），詹姆斯已经在美国职业篮球联赛（NBA）打了16年球。在这段时间里，篮球运动经历了几个不同的演变时期，大多数和詹姆斯一起开始职业生涯的球员要么退休了，要么变得无关紧要。但是詹姆斯随着比赛的发展而不断进步。每年他都会在比赛中加入新的元素，以适应NBA赛场不断变化的环境。例如，在过去的五年里，联赛经历了一场远距离投篮革命，为了在今天的NBA比赛中占据一席之地，三分球技术几乎成了必备利器。在职业生涯的早期，詹姆斯并不是一个优秀的三分球投手。但是，和以往一样，他一直努力在比赛中增加三分球的得分，现在成为联赛三分球得分的领先者之一。

詹姆斯拥有丰富的适应心理的基础要素。如果你想成为一个敏捷的领导者，能够在我们生活的不断变化的混乱世界中茁壮成长，你就必须培养对不断改进的热情。我说的不是你被迫适应时表现出的简单意愿，而是对改变的偏好、对学习的热爱、对发展的渴望，以及对创新的兴趣。作为领导者，你需要成为一个真正去寻找改变机会的人，所以——像勒布朗·詹姆斯一样——你可以永远保持领先。

正如我们在这本书中所探讨的所有品质一样，如果你还没有自然的改变倾向，那也没有关系。如果改变让你感到害怕或受到恐吓，那也没必要担心。你可以培养对改变的渴望，一旦你开始自然地体验到它，你就会拥有一个重要的工具来打破习惯的束缚。当你被要求修正航向时，这种激情，不管它现在有多小，都会成长为强大的力量源泉。

请花点时间了解一下你自己对发展的渴望。想想你生活中因为有可能变得更好、拥有更多或变得不同而被你自己所吸引的那些时刻。不管你认为自己有多"厌恶改变"，我相信你会发现对自己的某个部分有不同的感觉。

（你还有什么别的理由会读这本书？事实上，你已经读了这么久了！）我们每个人在内心深处的某个地方都隐藏着一份对改变和创新机会的追求。这份追求就像一颗新长出绿色小嫩芽的种子，你的工作是把它培育成一株成熟茁壮的植物。当你接受自己内心的这一部分并让它成长时，你看待改变过程的视角实际上已经发生了变化。突然，你发现自己处于正确的心态中，敢于面对任何你可能遇到的必须做出重大改变的需求。

看清本质

曾与我一起共事的最敏捷的领导者之一是一位名叫珍妮特的女性，她是一家大型金融公司的地区部门主管。她以出色的问题解决能力而闻名。珍妮特是那种当事情出错时人们就会给她打电话的人。她有能力进入任何特定的环境，评估"比赛"状态，然后与关键利益相关者合作，提出创新的解决方案，帮助每个人向前发展。

在我们一起工作期间，我问她什么是她如此擅长解决问题的关键。珍妮特想了一会儿，然后说："其实很简单。在采取行动之前，我会确保获得尽可能准确的情况。"我对她的回答很感兴趣，想知道得更多，所以她继续说道："你会惊讶于大多数人对特定情况的理解是多么的不准确。他们的情况经常被各种各样的事情所掩盖——利己主义、个人偏见、懒惰思维。如果你能深入下去，看清事物的本质，你就能更好地找到前进的道路。"

珍妮特的观点反映了适应心理的一个极其重要的因素。如果你想在正确的道路上前进，让你自己和所领导的团队走上正确的道路，看清事物的本质绝对十分重要。像珍妮特这样优秀的领导者在这一点上毫不妥协。他们不接受灰色区域，也不接受"未开采的石头"。要成为一个有效的领导者，你需要尽可能看清形势，这样你就可以决定需要改变什么，以及如何着手进行改变。

许多人实际上回避看清事物的本质。他们更喜欢把事情弄得模糊不清，生活在一种否认自己和所参与的许多情况的状态中。看清事物本质的关键是，当你看到某个真实情况时，你会发现你不得不做出改变。就个人而言，你可能会发现，你所从事的某种行为模式会一直妨碍你的工作关系。也许你有很强的自尊心，不愿意在困难的情况下寻求帮助。如果你回避看清动态的本质，那么你将继续盲目地以你一贯的方式运作——你自己和周围的人将为之付出代价。但是，如果你愿意面对现状，并看清本质，那么你已经迈出了处理它的第一步。你将被迫做出改变，并对你所看到的一切负责。

就像渴望进步一样，你需要积极主动地看清事物。作为一名领导者，你应该一直努力为自己和他人看到尽可能清晰的画面，以便有效地参与改变的过程。如果你不做，还有谁会做？

愿意转向

看清事物的本质很重要，但是除非你愿意对你看到的事物采取行动，否则你不会进步。这就是轮胎与路面相遇的地方。如果你能够看到并承认有些事情需要改变，那么你就需要勇敢地行动起来。

我最喜欢的一个例子来自美国大学橄榄球比赛。在2018年全国冠军赛中，备受青睐的亚拉巴马州大学红潮队在传奇教练尼克·萨班的带领下，半场以13：0落后于对手佐治亚大学斗牛犬队。亚拉巴马州队的进攻完全被压制，他们的全美最佳四分卫杰伦·赫茨无法执行对抗佐治亚州队防守的比赛计划。

所以萨班教练在下半场做了一些激进的事情。他选择用另一名球员图阿·塔格里奥瓦来代替赫茨，而这位一年级的球员在整个赛季中几乎没有打过球。他看到赫茨的天赋在对阵佐治亚州队时并没有发挥出来，而塔格里奥瓦却拥有扭转局面的正确技能。他是合适的。在塔格里奥瓦的带领下，亚拉巴马州队上演了美国大学橄榄球历史上最伟大的逆转之一，并在加时赛中赢得了比赛。萨班有勇气做只有最伟大的领导者才会做的事情：他改变了航向。他面对这种情况，看清它的本来面目，然后做出必要的改变来纠正它。

人们有多少次真正承认自己走错了路，然后采取行动？这是一种罕见的品质，因为简单地维持现状——让事情按照原来的方式发展——要容易得多。向不同的方向发展需要更多的努力。你将面临难以置信的阻力，无论是源于自己还是周围的人。现状得以维持有其原因：它很强大，拒绝改变。但是如果你想成为一个领导者——那种真正能改变你周围人生活的人——你必须愿意面对现状，并把它推向不同的方向。

有句话说，历史总是被个人的英雄行为所推动。像马丁·路德·金或阿米莉亚·埃尔哈特这样的人拒绝接受事物本来的样子，而是做了一些不同的事情。我并不是说为了成为一个伟大的领导者，你需要体现出那种程度的英雄主义，但你确实需要鼓起勇气，在大势所趋时做出改变。如果你这样做了，你会发现随着时间的推移，有勇气去改变会变得更容易。你将看到"转向"时刻本来的样子，即你自己或组织的生活发生自然演变的各个节点，在那里改变已经准备好随时发生，你需要站出来，做需要做的事情来促进改变进程。

生活在舒适区以外

适应心理的最后一个组成部分是愿意生活在舒适区以外。一旦你看清了形势，并决定根据这些信息采取行动，你就会发现自己进入了一个新的领域。当你发展一种新的习惯或行为时，你会亲身体验到这一点；而从文化意义上，当你鼓动改变组织的运作方式时，你也会体验到这一点。

当你做出如此大的改变时，体验是紧张的！你完全暴露在外。你不知道如何行动，这会让你感到陌生。请记住，这是你所涉足的新领域，所以你没有太多的经验可以依靠，也没有参考要点来给你信心，而这种信心在正常情况下可以帮助你前进。这就是生活在舒适区之外的感觉。

但是，如果你想成为一个敢于改变的领导者，一个能够促进团队或组织发展的敏捷的人，你必须找到一种在舒适区之外变得舒适的方法。我并不是说你在这个新的未知领域会感到舒适，这简直不可能。但是你可以开始理解改变的动态，这样在你的舒适区之外工作不会让你感到震惊。你可以预见到不舒服，并为它做好准备，这样你就不会退缩或倒退。

当走出舒适区时，许多人会被恐惧和焦虑所征服。他们变得像跛足者，不知道该去哪里。但是，最好的领导者总能找到一种方法来承受这些情绪，并继续前进。我在本章前面提到过的凯茜·本科，就是一个已经掌握了生活在舒适区之外的奥秘的人。我认为，支持她能够远离舒适区生活的观点是，她将自己视为一项"不断进步的工作"。她不再被任何重要的事情所束缚，因为她已经成长为期待改变的人。她希望事情是新的和不舒服的。这是成长发生的唯一方式。

一起发挥作用

适应心理的四个组成部分共同创造了一种接受改变而不是拒绝改变的心态。当你渴望不断进步时，你不得不极其清晰地看待每一种情况。当你看得很清楚时，你就能决定什么在起作用，什么需要调整、改变或完全放弃。如果你有勇气按照你所看到的去做，修正航向，你会发现自己置身于一个你舒适区以外的新的现实之中。如果你能应对在未知领域运作的挑战性动态，那么你就会倾向于寻找新的创新和机会。如此循环往复。

创新文化

适应心理对于个人来说是一项困难但可以实现的任务。毫无疑问，将这种勇于改变的心态带给整个团队、公司或组织更加具有挑战性。集体对改变的抵制往往比单个个体内部的抵制更有害也更难克服。群体维持现状的力量更强，习惯往往更难打破。这就是为什么对领导者来说，展示出一种适应心理是如此重要。

作为一个领导者，你是为你的更大系统设定基调的人，如果你树立了一个接受而不是抵制适当改变的榜样，其他人也会效仿。当你开始练习自己的这一部分时，你会发现你对改变的偏好开始具有传染性。你对学习的热爱、对改变的意愿、对看清本质的要求，以及对新的未知机会的偏好，将在你领导的团队中创造一种"创新文化"。

我们所有人内心深处都希望事情变得更好、更有进展，即使我们受困于旧习惯。我们仅需要一点推力或一点拉力。我们需要有人展示另一种做事方式，告诉我们改变是可以的，即使一开始有些吓人。这就是你作为领导者的作用。你的改变将激励周围的人。这就是为什么掌握修正航向的技巧如此重要。

❑ **集体无知**

我最近与一家刚刚经历了混乱合并过程并产生负面影响的公司签了约。这家公司内部的沟通一直很差，推进合并的战略计划也非常草率。结果，公司中各个级别的人都遭受了巨大的挫折。许多人被这个合并过程弄得疲惫不堪，并对公司的领导失去了信任。

他们希望我与关键利益相关者一起评估，找出办法修复混乱合并对公司文化造成的损害。我工作的第一步是采访所有参与合并计划的人。我的发现令人震惊。

事实证明，参与合并的两家公司都没有人真正认为合并是个好主意。然而，因为每个人都认为其他人是幕后主使，他们支持合并，反对更好的选择。在一次又一次的采访中，答案都一样。事实证明，利益相关的每个人都希望有不同的结果，但是由于他们害怕违背团队的意愿，所以表示反对。集体维持现状的力量如此强大，以至于一群人都同意追求一个他们都不想要的结果。

当我们找到了这种集体错觉，就能够在公司的关键利益相关者之间重建信任，这是修复公司文化的基础。在那个时候，虽然合并已经完成，但是从这种信任的基础上，我们能够为新公司找到一条富有成效的前进道路。

不要矫枉过正

当我的孩子们长大后，我有机会执教他们所在的几个运动队，包括篮球队和棒球队。作为一名教练，最重要的工作之一是帮助纠正你的队员——他们的打球方式、决策以及对比赛的理解。我发现，做一名好教练的诀窍是学会何时介入并纠正队员，以及何时让他们自己解决问题。矫枉过正可能会削弱他们的信心，并在他们真正优秀之前阻止其进步。

在这个维度的觉醒领导力上，也需要类似的平衡。在你努力对改变持开放态度的过程中，找到需要改进的地方，然后采取行动纠正错误，重要的是不要矫枉过正。我曾与数百位客户合作过，他们将修正航向做到了极致，最终充满了焦虑，总是寻找需要纠正的问题，让自己（和周围的人）变得疯狂。在很多情况下，有的事情起初看起来似乎"令人不快"，但随着时间的推移，所感知到的问题会自行解决，或者"路上的颠簸"变成了因祸得福。因此，用"静观其变"来放缓你修正航向的速度是很重要的。

终极维度

当所有维度的觉醒领导力一起起作用形成一个动态的景象时，修正航向可能是将所有其他维度联系在一起的最佳方式。如果你想掌握修正航向的奥妙，你需要让所有其他维度高水平地发挥作用。

1. 非同凡"想"，目光远大

如果你正在努力实现这一点，你将发自内心地朝着持续提高和改变前进。你将寻找机会修正航向，使你的影响变得更大。

2. 勇于示弱

同样，如果你想展示适应心理，示弱是至关重要的。你需要乐于接受他人的反馈，并且足够示弱地承认错误和缺点，以便改正它们。

3. 应得心态还是责任心态

当你打破"应得"的泡沫，选择责任心态，你就能看到你的行动可能勾绘出的最大愿景。有了这个大愿景，你就能更好地识别需要改进的领域，并让自己走上正确的道路。从许多方面来说，责任心态增强了你看清事物本质的能力。

4. 利用天赋，弥补差距

同样，学会识别你的天赋和差距，然后做出正确的回应，是能够有效修正航向的关键一步。就像不要矫枉过正一样，你不要忽视自己的优势，总是关注自己的弱点。

5. 勇于自豪、激情和精确地执行

正如我们在本章详细讨论的那样，修正航向需要极大程度的勇敢行动。发现改变的机会只是这个过程的第一步。只有采取行动才能使改变成为现实。

6. 专注当下，保持警觉

最后，专注当下和保持警觉对持续进步至关重要。你必须尽可能保持清醒，以便能够准确决定何时修正航向。

修正航向

修正航向既是一种心态，也是一种行动。作为一种行动，修正航向是你在需要转向的时刻所做的；作为一种心态，修正航向是一种生活方式：

你意识到你和周围的世界处于一种不断进化的状态,这种观点让你在不可避免的改变面前保持平衡。

在这两种情况下,修正航向都需要练习。没错,你可以把修正航向培养成一种行动和一种心态。即使是我们当中最顽固的人也能学会变得敏捷。当然,最具创新性、乐于改变的领导者在修正航向的意愿和能力方面会更加有效。

下面是一系列能帮助你自己培养适应心理的激发行为。它们是你在任何特定情况下都可以使用的工具,也是帮助你成为更为敏捷的领导者的原则。

重新关注当下

有效修正航向的关键之一是能够尽可能看清自己和周围的情况,这样你就可以准确地评估需要或不需要采取什么步骤。出于这个原因,我建议你运用第六维度的觉醒领导力,即"专注当下,保持警觉",这样你就能充分意识到周围正在发生的事情。当你开始发展自己的适应心理时,确保你尽可能地专注当下。你可以使用上一章所列出的工具,比如呼吸或其他正念技巧,或者你自己发明的方法。这里的关键是要认识到你对周围变化的适应能力取决于你全身心专注于当下的能力。

做正确的事,而不是你认为正确的事

人类是顽固的生物,而有很多勇气和自信的领导者往往是最顽固的。在面对巨大的障碍和挑战时,这是一个积极的因素。但是在需要灵活性的情况下,不愿意转向可能是一个很大的负担。我个人有一个体会,每当我处在一个具有挑战性的情况下,我就感觉可能需要做出改变,我也请我的客户来做这个实践。方法是这样的：我花一点时间质疑自己的判断。我不会以那种过分自我批评的方式贬低自己。我只是问自己："我对这种情况的想法是基于我认为正确的还是实际正确的？"如果合适的话，我有时也会对我的同事做一个快速的调查，以帮助我进一步看清事情的本质。这是一个简单的练习，但很有效。只要花一点时间真诚地反思你所选择的航向，你就有可能做出改变。

与诚实、勇敢的人在一起

这是至关重要的：作为一名领导者，你需要确保周围的人愿意给你诚实的反馈，即使这直接与你自己的想法或选择相矛盾。与诚实、勇敢的人在一起会让你获得强大的集体智慧，这种智慧几乎总是比最聪明的人的头脑更强大、更丰富、更复杂。挖掘这种集体意识总是会让你对任何特定的情况有更全面的了解，让你找到新的具有创造性的解决方案，并让你在如何前进的问题上做出最好的选择。

如果你想让团队拥有诚实和勇敢的氛围，选择合适的人非常重要。无论你对选择团队成员有多大的决定权，尽你所能选择具备这种无畏的诚实品质的人。作为一个领导者，一旦你建立起团队，你就需要创造一种诚实的氛围——在这里，反馈不仅被接受，而且被鼓励。不要让自己的骄傲在团队成员中造成一种威胁感。你的开放心态将给团队的其他成员定下基调，并创造一种鼓励反馈、建设性批评和不断创新的文化。

It's Not About You: The Inseparable Relationship Between Leadership and Culture

第九章

这不仅与你有关——领导力与

文化密不可分的关系

当你拿起这本《觉醒领导力：解锁领导他人的7个秘密》或同类题材的书时，你的动机可能至少有点自私。我不是指消极意义上的"自私"。我的意思是你可能对提高自己感兴趣，这样你就能成为一个更好的领导者，并取得个人成就。对我来说，这是一个高尚的动机。几乎在任何情况下，个人进步都是一件好事。随着你变得更好，你的生活也会改善。但不仅仅是这样：你个人的进步与你所属的每个团队或项目的整体进步密不可分，无论是一个家庭、一个团队、一家公司，还是——如果你想推而广之——整个人类。正如我们在探索责任心态时所讨论的，我们都属于一个更大系统的巨大结构之中。所以，当我们不断发展的时候，我们生活中所接触到的一切也会随之发展。

对我来说，这是觉醒领导力的"特洛伊木马"。最初，你可能会被发展领导力的承诺所驱使，这样你就能获得晋升或取得更大的个人成功。但最终，真正伟大的领导者明白，这种发展并不真正关乎他们。他们了解到——并最终内化——他们的领导力发展对他们身处其中的文化具有最重要的影响。领导者就是文化的"大管家"，不管他们喜不喜欢。

那么，什么是文化呢？这是一个很难回答的问题，因为文化就其本质而言是非常微妙和难以定义的。所以我要用解剖学中的一个术语来解释。

我有时和私人教练一起锻炼，她总是向我强调每次锻炼前做适当热身的重要性。她特别强调要放松我的"肌筋膜组织"。不了解最新热身理念趋势的人由此了解到，肌筋膜组织是一层非常薄、几乎看不见的纤维组织，它包围着我们所有的肌肉和骨骼。尽管非常薄，但非常结实。它确实把我们的身体结合在一起，保护着我们的肌肉和骨骼。你可以把它想象成一张网，如果网上有结或成束而不能自由移动，那么网下的骨骼和肌肉就会被卡住或受到束缚，从而无法有效运作。所以，我的教练喜欢说，如果你想让身体释放出更大的动能，你需要首先放松肌筋膜组织。这通常是通过用硬泡沫滚筒缓慢按摩我们肌肉骨骼系统的关键点来实现。其过程很痛苦，但是很有效。现在，我相信肌筋膜组织在身体整体健康中起着至关重要的作用。

我认为"文化"就是任何组织结构的"肌筋膜组织"——无论是像家庭或团队这样的小组织，还是像跨国公司甚至国家这样的大组织。任何群体的文化对其成员来说通常都是看不见的，这主要是因为它包罗万象。它是所有人共同价值观与信仰、关系结构与（有意识和无意识的）规则的集合，它告诉我们什么是对的、什么是错的，什么是好的、什么是坏的，什么是可接受的、什么是不可接受的。如同肌筋膜组织一样，文化将你的组织维系在一起，并塑造它的几乎每一个维度。

文化需要你去感受，这是一种微妙的态度或空间，弥漫在你的家庭、工作场所或城市的氛围中。有趣的是，当事情发展良好的时候，你很难注意到文化。当你的文化蓬勃发展时，它会积极地应和你的组织或团队的其他一切。评估组织文化健康状况的一个线索是你团队中每一个人和每一件事发展的轻松程度或创造力。成员们会体验到更大的满足感，而你们集体能够达到的最低结果也会得到改善。

反之亦然。当你的文化有问题的时候——比如当你的肌筋膜组织僵硬，或者所有的肌肉都被捆绑在一起需要好好滚动的时候——你的组织就会感到沉重或紧张。这时候，士气低落，内讧纷起，权力斗争司空见惯，人们更关注他们能从公司得到什么，而不是他们能给予什么，所有这些通常都会导致生产率和盈利能力下降。

一个让文化概念凸显的例子是纽约市在9·11袭击后的文化。无数人评论说，那一天的悲剧创造了一种明显的把人们聚集在一起的共同目标感。人们平常在自己周围竖起的屏障被拆除了。陌生人感觉像兄弟姐妹。这些事件——至少是暂时的——改变了整个城市的文化，并动员人们采取行动。他们自身文化经历的突然改变向纽约市民揭示了一些他们以前可能没有真正思考过的东西。现在，重要的是要知道，我们不需要一个出乎意料的事件或悲剧让文化凸显出来，或者在家庭、企业或国家中创造一种积极的文化。我分享这个例子只是为了让你思考如何在自己的生活中"看到"文化。

从顶层开始

不言而喻，文化对任何组织的健康发展和盈利能力都很重要。这就是为什么越来越多的公司和非营利组织开始关注工作场所中文化的层面，并投入资源来学习决定其文化活力（或使其缺乏活力）的微妙动态。我在职业生涯中花了大量时间与公司合作，评估他们文化的健康状况，并制定如何改善文化的计划。通过一系列调查（见本章后面的案例框"五元文化评估"），我们对组织的文化健康状况进行评估。然后，我们诊断问题并制定可行的解决方案。我一次又一次发现：有一个关键因素比任何其他因素都更能预测组织文化的健康和活力，即领导力。

第九章　这不仅与你有关——领导力与文化密不可分的关系

还记得我们在本书引语中对领导力的定义吗？我们把它定义为"他人效仿的榜样"。这正是领导力对文化产生如此重大影响的核心原因。如果你处于或接近任何一个群体的顶端，你的行为、观点和行动将比任何人对你组织的文化产生更大的影响。不管你喜不喜欢，你都要塑造共同的价值观、观点，并最终塑造其他人的行为。最好的领导者都知道这种影响——他们明白通过自己的榜样来促进和激励一种强大的文化是多么重要。我的朋友兼同事埃迪·马恰拉尼是电子商务公司Bigcommerce的创始人兼首席执行官，他总结得很好：

> 你的公司文化从顶层开始。首先从首席执行官开始。如果首席执行官不遵循组织的核心价值观，你就不能创造公司文化。

那么，一个强大而充满活力的文化到底是什么样的呢？当然，这取决于具体情况。举例来说，一个健康的文化在非营利组织中看起来会与在硅谷科技初创企业中不同。总部设在丹麦的公司在文化感受上很可能与在智利的公司大不相同。文化就其本质而言，很难被固定下来并简化为简单的部分。也就是说，强大文化中的一些普遍要素值得我们去探索。事实上，我发现觉醒领导力的所有七个维度也是健康文化的维度。

我并不是说这七个维度是强大文化的决定性特征。这需要再写一本（或两本）书来探索。但是，当我们一起走到旅程的终点时，我想讨论的是觉醒领导力的各个维度如何在文化层面上表现出来。如果你展示了这些维度，那么你自然会在你所领导的文化中激发类似的品质。

当我们在各个维度上努力时，我将使用真实世界的例子来说明领导者如何根据我的上一本书——《文化转型》中的故事来影响他们的公司文化。在那本书中，我采访了14位世界顶尖的首席执行官，探讨了领导力和文化之间的关系。

让我们从第一个维度开始——"非同凡'想',目光远大"。

❑　五元文化评估

像个人一样,文化也有许多层面。我已经在组织中确定了我所说的"五元文化",并且开发出工具来评估每一种文化的健康和活力,以便从 360 度的视角来看待任何组织的文化整体优势。这五种文化中的每一种都是探索组织中各种关系、共同价值观和核心原则的无限深度的途径,它们决定了组织的内在核心。

1 能力文化:培养组织内人员的技能和能力。人们正在发展他们的内在核心和外在核心吗?

2 承诺文化:组织成员对其愿景、使命和品牌的热情程度。

3 结盟文化:组织首要使命的清晰度和一致性。人们对这个大愿景的认同程度如何?

4 个人绩效文化:组织成员对卓越和执行力价值的认同程度。

5 团队绩效文化:组织成员在执行任务时的协作水平。人们一起工作吗?

关于我们如何在组织层面评估五元文化,如果你有兴趣了解更多信息,请访问链接 johnmattone.com/booktools。

鼓励创新

也许没有比史蒂夫·乔布斯在任职期间领导苹果公司更好的例子了。

事实上，几十年来，他"非同凡'想'"的精神一直定义了苹果公司的文化。直到今天，当你走进一家苹果商店，你会感受到那种新奇感、前沿设计和创造性思维。从苹果公司的产品到其位于加州山景城的未来公司总部，乔布斯已经将"非同凡'想'"的理念渗透到苹果公司的每一个角落。正是这种创新文化让苹果公司几十年来一直站在个人电脑行业技术的前沿。

那么，你如何创造一种"非同凡'想'，目光远大"的文化呢？

根据北面创始人哈普·克洛普的说法，关键因素之一是培养一个鼓励实验和失败的环境。克洛普经营引领潮流的户外装备企业已有20年，他认为愿意失败是"北面"成功的主要原因之一。对失败的恐惧是阻碍人们走出舒适区、尝试新思维方式和大胆思考的最大原因之一。但是，如果你作为一个领导者能够接受自己失败并鼓励他人失败，那么你就会创造一个更有利于新思维方式的环境。人们将更愿意冒险尝试新视角，这是推动创新的两个主要因素。

创造"非同凡'想'"文化的另一个重要部分是营造一个环境，让你的员工或团队成员与更深层的目标感联系在一起。克洛普热衷于通过户外探险帮助人们与自然世界联系起来。他将自己的个人使命融入公司使命中，并确保在他们所做的每一件事情中始终将它放于首位。因此，公司的精神气质使得北面的产品吸引了世界各地的冒险爱好者，也吸引了无数有才华的员工加入公司，并激励他们超越底线大胆思考。

不是每一种文化都需要像苹果公司一样有创新的感觉，或者像北面一样有使命驱动的吸引力。但是，如果你作为领导者，愿意目光远大，并且鼓励他人也这样做，那么你建立的文化将会有一种独特的、创新的品质，这种品质将会驱使他人，并让每个人始终着眼于未来。

示弱会传染

信任是强大文化的生命线，它将健康文化与不健康文化区分开来。如果人们相互信任，那么沟通渠道就是开放的，而且个人主要关注是什么把他们联系在一起，而非是什么把他们分开。如果缺乏信任，那么一种文化就会变成一种互相残杀的氛围，在这种氛围中，每个人基本上都是为了自己。这在你的团队或组织中会造成有害的环境，对效率、生产率和盈利能力产生负面影响。

在组织内部建立信任的关键是示弱。愿意放松警惕的人会立即感受到彼此之间的信任。这几乎是奇迹。想想一个和你有负面关系的人，他可能是你工作场所中或其他地方的某个人。想象一下，如果有一天你去找他，让他知道你面临的挑战，询问他的意见。这做起来很难，但我敢打赌，这会让他更加信任你，并对你们的关系产生显著的积极影响。

示弱就像一个秘密武器，作为领导者，你可以用它来提高他人对你组织文化的信任。在大多数组织文化中，默认的设置是缺乏信任，人们把牌捂在胸前。因为我们大多数人都倾向于将示弱等同于软弱，所以通过示弱建立信任是困难的。

你可能还记得第三章中关于一位首席执行官试图发展他的公司的例子，为了做到这一点，他不得不把更多的责任委托给别人。起初，他不想向任何人公开自己所面临的挑战——毕竟他来自"约翰·韦恩领导力学院"。他很难充分信任他的员工，无法让他们进入公司的管理层。但当他敢于向他们示弱时，他发现自己忽略了员工们难以置信的支持力。他开始充分信任他们，让他们为公司的发展负责，而他们也相信他不会插手，能让他们大胆去做。

作为领导者，你必须是组织的"首席示弱官"。通过你自己为榜样，创造一种人们不会把示弱视为弱点的环境。你可以摧毁约翰·韦恩式的思维模式，在这种思维模式下，人们彼此分离，不相信任何人，只相信自己，也避免合作。而示弱把人们聚集在一起，增加你所能取得的成就。

责任文化

在许多方面，对于强大和充满活力的文化来说，权利是最大的敌人。那些应得心态的人天生以自我为中心，他们没有兴趣为组织的更大使命做出贡献。在很大程度上，这种"对我有什么好处"的心态会侵蚀任何群体的核心。文化从本质上讲是一种集体现象。如果你的团队成员只关注自己，那么这种文化就会变得有害。

这就是为什么培养责任心态对于领导者来说如此重要，无论是对他们自身还是对组织。作为领导者，你需要想办法将集体的专注点从"我"转移到"我们"。并不是说要为了公司的利益而损害个人利益。最好的文化是每个成员认为自己的私利与组织的利益同义的文化。请记住，责任心态是在一个更大的背景下看待自己，理解你和你的行为如何为你所参与的更大系统做出贡献。如果你能创造一个环境，让每个人都了解自己在组织中的角色，并在其中感受到价值和力量，那么你就能在你的文化中开启一种深刻的团队精神。

责任文化的一个强有力例子来自职业篮球界。自2014年以来，金州勇士队一直是NBA的标杆。他们在五年的时间里获得了三次世界冠军，并且连续五次进入NBA总决赛。不管你是否是勇士队的粉丝，正如他们所言，你很难否认他们已经培养了一种强大的团队文化：团队中的每一个成员，不管他作为一个个体是多么大的明星，都会对更大的系统有一种责任感。职业体育的世界充满了巨大的金钱、名誉和自我诱惑，这些往往会阻碍建立强大的团队文化。勇士队也不例外。事实上，他们的花名册上有一些世界上最有天赋的球员，其中一些人如果在联赛的其他球队中可以算得上顶级球员，但是，勇士队的每一个成员都接受了团队的口号"众志成城"，而不是金钱、名誉或自我。他们都找到了将团队成功置于个人荣誉之上的方法。这种团队文化是如何展示它自己的，让球员们情愿牺牲自己的比赛时间、统计数据，甚至是薪水，以促进球队的和谐？结果不言自明。勇士队比历史上的任何其他球队都更能够团结起来取得更大的成就，一个又一个赛季打破他们自己的纪录，每个球员都凭借他们作为一个团队的强大力量而打破个人纪录。

那么，你如何向你的文化灌输责任感呢？当然，最重要的组成部分是你——作为一个领导者——如何展示自己的责任心态。但同样重要的是，要确保你把正确的人、正确的心态放在其他领导职位上。凯西·马扎雷拉是《财富》世界500强工业和配电公司格雷巴的首席执行官。当她在公司里担任领导职务时，她寻找的主要品质之一是对公司发展的责任感，即候选人是否拥有责任心态——是将自己视为更大系统的重要组成部分，还是大部分只是为了自己？马扎雷拉说，在寻找强有力的领导者时，世界上所有的天才智慧都不能取代责任感的重要性。使用这一标准来雇佣领导者对格雷巴很有效。公司的员工留存率和满意度处于行业领先，在公司工作三四十年并不罕见。事实上，马扎雷拉自己在19岁时就开始为格雷巴工作，并在公司工作了35年，一路晋升，最终成为世界上为数不多的《财富》世界500强企业女性首席执行官之一。

无论是专业运动队还是大型工业企业，责任感都是建立强大持久文化的绝对关键因素。责任感是和文化联系在一起的思维方式。作为一名领导者，你的工作就是为每个参与其中的人定下基调。

放大的文化

就像通过学习如何弥补差距和利用天赋来最大限度地发挥你的个人潜力一样，当一个组织的劣势被建设性地处理，优势被发掘和放大时，这个组织的文化也会变得更加强大。我遇到过在这方面做得不好的组织文化，那是一种几乎不可能改进的氛围。人们会对批评性反馈采取防御态度，并感到没有得到重用和重视。但是当相反的情况发生时，在一种优势和劣势都得到有效处理的文化中，组织中的每个人都会被提升，并感到自己被赋予了最大限度发挥自身潜力的能力。

如果你作为领导者，能够针对人们的弱点保持正确的心态，那么你就可以为一种更健康、更注重发展的文化定下基调。记住，有效弥补差距的关键是理解我们都不是完美的——我们都在不断进步。如果这是你的组织的文化态度，那么人们会不那么容易启动防御，更愿意弥补他们的差距。事实上，他们会分析自己的弱点，以便找到提高自己的方法。如果你在顶层设置了正确的航向，那么你就可以拥有一个不断改进的完整文化。

一个强大的公司文化的最大标志之一，是人们在多大程度上寻求并激发公司里每个人独特的天赋和才能。美国发展最快的科技服务公司之一CPSG合作伙伴公司的创始人兼首席执行官罗希特·梅罗特拉说，作为一名领导者，他最大的特点之一就是发现他的每个员工都有与众不同的一面。他不认为只有一部分人具备成为伟人的潜力，他经常雇佣拥有独特背景和技能的人，而其他公司可能会忽略他们。梅罗特拉相信，如果你愿意寻找，你可以在任何人身上找到伟大之处。关键是找到它，然后支持它。

作为领导者，你主要负责将这种以过程为导向的观点注入你的文化。如果你能帮助人们将自己——包括他们的缺点和才能——视为一个更大统一体的一部分，你将为一种重视进步胜过一切的文化奠定基础。这将是一个鼓舞人心的团体。

创造勇敢行动的文化

在任何组织的"文化空气"中，我都会寻找一种品质，即活力和活跃感。在这里，你是否能感觉到一些事情好像正在发生？每个人是否都参与并专注于创造具体的结果？人们是否以结果为导向，是否会为了组织目标采取正确的行动，并因此受到奖励？每个人是否都知道比赛时间到了，并且都在采取相应的行动？这些有形的品质反映了一种文化对勇敢行为的重视程度。

按照你的计划和愿景采取行动和执行是困难的。这需要勇气和专注。作为领导者，你在这方面要为你的文化定下基调。你自己是否与采取的行动有关系？你是否总是能走出自己的舒适区？即使面对阻力，你是否会采取具体的步骤来取得进步？作为一个组织的领导者，你必须比任何人都更加勇敢。如果你肩负起这个责任，它会给你的文化注入同样的品质。

你可能还记得在第六章讲到勇敢的行动有三个层面：自豪、激情和精确。每个层面都是独立的，同时又是一种文化美德。以工作为荣的群体和不以工作为荣的群体之间有着深刻的区别——通常就是长期的成功与失败的区别。你需要让你的组织文化能激励每个人为成为其中一员而感到自豪。你需要让你的组织成为一个每个人都想向世界炫耀的组织。公司的身份和个人的身份相互映衬，作为领导者，你需要让个人对公司的自豪感成为让公司闪耀于世界的特征。这就是触动其他人加入你的组织的原因！

你的文化触发了人们的激情吗？激情是一种文化的能量。人们对共同合作或组织使命的激情程度最终决定了成败。作为一名领导者，激发这种热情是你的工作。这可以通过树立榜样来实现——你自己的激情是会传染的。你还可以通过营造一种氛围，鼓励每个人都以对系统有贡献的方式将自己的个人激情与组织联系起来，从而激发组织文化中的热情。你是否授权人们去发现是什么让他们成功，并找到方法来利用这些激情为组织谋福利？

精确体现在文化的质量和效率上。在你的组织中是否有明确的标准，它们是否能清晰地表达出来？人们会专注于自己的任务和首要目标吗？强大的文化，虽然不是僵化的，但始终保持着一种专注的氛围，在这种氛围中，每个人的时间和精力都会得到重视和最大化。从会议的运作方式到大范围的交流，对细节的关注无处不在。

作为一名领导者，愿意以一种展示出自豪、激情和精确的方式采取勇敢的行动，这将对你周围的每个人产生深远的影响。你的组织会像蜂窝一样嗡嗡作响，充满能量、专注力和实现目标的集体决心。这种能量会吸引其他人，扩大你的集体影响力。

齐心协力

我非常喜欢团队运动。我喜欢它把人们聚集在一起的方式，即使是在很短的一段时间，它都能以一种集体和谐的方式将人们组织起来。篮球运动尤其如此，最高水平的篮球比赛就像爵士乐的天才即兴表演。当比赛激烈地进行时，场上的五名球员不再作为个人，他们彼此完全同步到一个节奏上，那些看过比赛的观众会形容他们为"合为一体"。

传奇的NBA教练菲尔·杰克逊在他2006年出版的《神圣的篮球》一书中谈到了心理动力学，他认为这是他作为球员和教练成功的原因。杰克逊带领球队赢得的冠军比NBA历史上任何一位教练都多（其中11人来自两个不同的球队），他还是一名佛教禅宗修行者，他和球员们一起使用各种正念技巧来帮助他们找到专注点并组成一个集体。通过学会专注当下，杰克逊的球员们能够排除高风险职业运动中常见的干扰和混乱，找到一个能增强他们个人和集体能力的专注点。

杰克逊能够让这个运动中伟大的超级巨星——像迈克尔·乔丹、科比·布莱恩特和沙奎尔·奥尼尔这样家喻户晓的人物——放下自我，和队友们打成一片。许多为杰克逊打过球的人都谈到他们的正念练习有助于他们开发集体智慧。在一场比赛中，他们能够以一种不可思议的方式预测对方的动作。就像一群麻雀在天空中无缝飞翔一样，运动员们高度的集体意识使球队实现了和谐，从而造就了历史上最成功的球队之一。

杰克逊对合力的专注是一个很好的例子，说明了如何在文化层面上专注当下和保持警觉。当团队中的每一个人都在努力做到尽可能专注当下时，你所能发挥的潜力就是指数级的。当你注意力集中时，工作会进展得更快，你能够共享一个比你的个人视角更复杂、更充实、更有活力的视角。当你努力排除所有的干扰——无论是来自你自己的头脑还是来自周围的世界——并作为一个团队一起工作，你的沟通就会更有效，思考就会更周密，犯的错误就会更少，最终作为一个团队获得的成果更多。

修正集体航向

克里斯·卡内克特纳是我有幸与之共事的最鼓舞人心的高管之一。卡内克特纳是Virtusa公司的创始人兼首席执行官，这是一家信息技术服务公司，总部分别位于马萨诸塞州和卡内克特纳的祖国斯里兰卡。在过去的二十年里，Virtusa公司取得了巨大成功，卡内克特纳将其主要归功于他和同事们建立的不断创新的文化。

自Virtusa公司于1996年成立以来，信息技术服务领域发生了巨大变化。自互联网时代的早期开始，无数的竞争者们来了又走。从最初卡内克特纳就知道，为了在这种激烈竞争的环境中生存，他和团队需要建立对改变的热爱，并将其融入公司文化的结构中。他鼓励组织中的每一个人——从最高管理层到初级员工——都来分享关于如何发展甚至改变业务的想法，不管这种想法有多出乎意料。他创造了一个座右铭："当你停止进步，你就失败了"，他努力工作让每个人都专注于不断地进步。在他的努力下，Virtusa公司发展出一种修正航向的文化，这种文化可能比我遇到的任何一家公司都更加完整。作为这种文化的自然结果，在二十多年的商业生涯中，他们已经多次重塑了自己。通过不断改变，他们在这个全球竞争最激烈、变革最快速的行业中一直保持着领先地位。

如今，组织敏捷性比以往任何时候都更加重要。任何一家公司要想在行业中避免昙花一现并有所发展，至关重要的是领导者要创造一种文化，在这种文化中，修正航向不仅受到鼓励，而且是重中之重。作为一名领导者，你有责任创造一种环境，在这个环境中，每个人都在寻找改进的机会，并且鼓励人们带来新的想法。你肯定不想培养一种人们害怕提出新方向的文化。这是失败的秘诀。你组织中的每个人都应该对公司的成功充满激情，并被授权在推动公司发展的过程中发挥作用。

敏捷的领导需要高度的成熟感。你不能骄傲，你必须示弱和开放。你必须发展良好的沟通，并在每个参与者身上激发对更宏大使命的高度的集体热情。如果你能做到这一点，你将拥有一个通向长期成功的完整组织。你将拥有一种不断修正、提高和进步的企业文化。

你退缩，我们就会都退缩

我希望我已经非常清楚地表明了领导力和文化之间的紧密联系。从本质上看，这两者是同一枚硬币的两面。如果你不相信我，你可以去网上搜索"世界上最受欢迎的十大公司"，看看他们的领导团队。我保证你会发现，使他们的文化如此吸引人的原因与他们的领导者采取有意识的行动之间有着直接关联。

如果你想成为一个真正伟大的领导者，接受并展示你自己和你所在文化之间的强大联系，这一点至关重要。你培养的内在核心素质将深刻地塑造你的组织的文化素质。毋庸置疑，它们在某种程度上是一体的。

很显然，作为文化担当是一项重大责任。因为人们依赖你。作为一个领导者，一个模范，一个对他人有影响力的人，你别无选择。人们总是以你为榜样，你的所作所为将在很大程度上为你周围的每个人定下基调。

振作起来吧！最好的领导者会因为这个发现而备受鼓舞。只有敢于担当起觉醒领导力的重任，你的行动、态度和行为才能对周围的世界产生实实在在的影响。你退缩，我们就会都退缩。我想不出还有比这更强大的动力来成为最好的领导者——以及你能成为的人。

Conclusion: The Paradox of Change

第十章

结语：改变的悖论

当我与客户开始合作时，我首先会问他们一个问题："为了成为一个伟大的领导者，你认为需要以一种与你个人偏好相冲突的方式来工作吗？"这是一个很难回答的问题，因为你可以用两种相反的方式准确回答。一方面，伟大的领导力存在于我们每个人的内心，即使被深深埋藏。我们只需要栽培和养护这些与生俱来的品质，让它们发芽成长，并引导我们的思想和行动。

但是另一方面，即使伟大的领导力作为一种潜力存在于我们的内心，但是我们表现出来的样子——偏好、行为、思维模式——也可能并不是这种伟大的领导潜力的体现。它被不太理想的品质和习惯所掩盖。所以，为了真正成为一个伟大的领导者，我们需要改变。我们需要改变思考、行动和互动的方式。我们需要从本质上成为一个新的人，那个人是现在的我们更好的版本。

这就是改变的悖论。它要求我们成为新的、不同的东西，但也要求我们更深刻地认识自己。当你接触到觉醒领导力的每一个维度时，我确信你自己已经直接体验到了这个悖论。例如，当我们讨论"勇于示弱"时，你可能已经体验到了对自己和他人保持开放的力量所带来的深刻共鸣。你甚至可能已经看到示弱在你自己的生活中如何帮助你。但是你也可能被这种品质吓倒了，甚至在你一生的大部分时间里都在回避它。你可能已经看到，如果你将更多的示弱带入你的生活，它将释放出全新水平的个人力量和改变潜力。

觉醒领导力的每个维度都深藏于你的内心，又近在你的眼前。它们需要你去发掘和争取。两种视角都很真实也很重要。所以，当你努力成为一个觉醒领导者时，我建议你两个方面都要坚持。你需要明白，如果不做出改变，你就不能成为一个更好的领导者——或者一个更好的人。与此同时，不要忽视这样一个事实：你自己潜在的伟大之处不在你的身外，它就在你内心深处。

创造新事物

不论你最终对改变的悖论有何理解，成为一个觉醒领导者需要你做出改变。它需要带来新事物。在整本书中，我提供了各种练习和"激发行为"，你可以将它们付诸实践，以帮助培养各个维度的觉醒领导力。我没有说这些练习保管有效，主要是因为——根据我的经验——没有放之四海而皆准的发展方法。我的目标是让你对伟大领导力的这些基本品质有一个深刻的认识，并提供一套工具，让你可以利用这些工具来提升自己。

当我们即将完成探寻之旅时，我想再给你留下一个练习。这是创造新事物的一个简单公式，无论是特定的品质还是你自己的整体愿景。你可以使用这个过程中的所有步骤，也可以只使用其中一些步骤，只要对你有用就好。

这个过程背后的基本思想是，要成为新事物，形成一个关于它可能是什么样子的愿景很有帮助。这个愿景就像北极星，在你做出改变时——这通常是一个很困难的过程——它可以帮助你来定位。它给你指明方向，并让你真实感受到你需要具体做些什么才能达到目标。

在我的职业生涯中，我和成千上万的人都使用过这个过程，我自己也独自使用过它，并且产生了持续的良好结果。它有六个简单的步骤：

1. **具体化**：对你想成为什么样的人有一个愿景至关重要。这可以是一些具体的愿景，比如成为一个更有活力的沟通者。或者它可以是更普遍的愿景，比如成为一个更好的领导者。不管你的愿景是什么，请花些时间尽可能清晰地了解这个"新的你"可能是什么样子，这一点很重要。你能提供的细节越多越好。这种想象不仅会给你一个奋斗目标，还会让你与你想提升的那部分自己保持一致。

2. **记录并说出愿景**：一旦你明确了自己的愿景，重要的是用你能收集到的所有细节把它写下来。这将进一步具体化你的愿景，并为你提供一个记录，当你经历完这个过程时，你可以回顾记录。在你记录下你的愿景后，应该把它大声朗读出来。清晰地表达某事有一种强大的力量。言语有力量，尤其是在说话的时候。当你用自己的声音说出自己的愿景时，它会对你有所帮助。它会让事情变得更加真实。它使你有责任感。

3. **找出差距**：当你回顾书面或口头愿景时，注意它让你感觉如何。有什么因素比其他因素更能激励你吗？有让你感到不舒服或害怕的因素吗？你的情绪反应可以很好地评估你与目标的关系。"你是谁"和"你想成为谁"之间的这些"差距"很重要。它们是你愿景需求中最需要关注的领域。

4. **列出清单**：一旦你确定了你与愿景之间的"差距"，就列出一个清单。还要附上你为什么添加每一项的注释，以及当你回顾愿景时你可能有的情绪反应。

5. **承诺改变**：尽管这似乎是一个显而易见的步骤，但很多人却忽略了。事实上，你已经在这个过程中走了这么远，这表明你在某种程度上致力于改变。但是重复它会带给你一些强大的力量。你可以和自己达成一个协议，承诺实现你为自己设定的愿景，并弥补与实现目标之间的所有差距。

6. **制定行动计划**：现在你已经创建和阐明了你的愿景，找出了实现愿景的障碍，并致力于弥补差距，是时候制定一个行动计划了。我认为简明扼要是关键。行动计划应该有一个简单的介绍性陈述，说明你对系统的承诺。它们还应该至少包括你想采取的步骤，以弥补你已经找到的每一个差距。如果你愿意，你可以在计划的任何部分添加时间表，但主要是创建一个行动步骤的大纲，用来实现你的目标。

这就是整个过程：一个实现你愿景的简单过程。当然，如果你发现这个过程不适合你，没问题，每个人都有不同的改变方法。我建议你找到适合自己的任何步骤并付诸行动。

觉醒领导者：具象化的未来

正如我们上面所讨论的，成为新事物的第一步也是最重要的一步是将目标具体化。本着这种精神，我想花一点时间和你一起探讨。我想引导你想象一下觉醒领导力的所有七个维度，即一个真正的觉醒领导者会是什么样子。当然，这些维度在每个个体中会有不同的表达。就像光线穿过棱镜一样，这些维度旨在反映我们每个人内心、思想和灵魂的独特模式。然而，探索一个普遍性的觉醒领导者可能会是什么样子，仍然是有价值的，因为这有助于激发你自己的个人想象。如果你宁愿在没有我指导的情况下自己做这件事，那就尽管跳过这部分内容。不然，就跟我一起学习吧。

觉醒领导者与他们的核心目标紧密相连。他们非常清楚为什么他们会来到这个地球上；这种自我认知给了他们大胆思考的勇气。他们对自己最深层次的了解使他们能够以真正独特的方式表达自己，并激励他人以新的和不同的方式思考。他们是开拓性思考者，使他们感到满足的唯有用一生来对周围的人产生最大的影响。

觉醒领导者懂得力量不仅仅是他们的声音有多高或者权力有多大。他们知道，当他们愿意冒着容易受到伤害的风险，向自己和他人示弱时，真正的力量就会展现出来。他们的开放心态让周围的人感到惊讶，也激励其他人效仿他们。他们知道开放是通往变革的大门，也是建立稳固持久关系的货币。他们永远不会忘记这样一个事实：没有他人的信任和合作，他们永远不会有所成就。

觉醒领导者是那些拥有最大可能愿景的人。通过更多地关心他们身在其中的更大系统，他们培养了超越自己自私倾向的能力。这给了他们一种罕见的成熟和尊严。他们觉得自己有责任完成使命，对团队成员负责，在任何情况下都要尽最大努力。他们广阔的视角为他人创造了空间和信心。人们可以从他们的参与中得到安慰，因为他们总是相信他们能做出对大多数人有益的选择。

觉醒领导者比任何人都更了解自己。他们知道是什么独特的天赋使他们变得强大，并且知道如何以最恰当的方式利用这些天赋。从这个角度来看，他们认为自己——以及其他所有人——都是一件正在不断进步的永恒产品。他们明白完美是需要付出努力的，但永远不会完全实现。这让他们有信心和自信去面对即使是最致命的缺点。面对负面反馈，他们不会退缩，他们把自己的错误和缺点视为成长的机会——发展自己，以便更好地为周围的人服务。

觉醒领导者知道什么时候该行动，什么时候该退缩。当其他人可能被恐惧、冷漠或缺乏关心吓到时，他们会挺身而出，做任何必要的事情来推进事情向前发展。他们的勇气源于深深的自豪感，而不是那种顽固的骄傲。他们为出色完成的工作感到自豪，尤其是与他人合作完成的工作。他们的行为总是以对他们正在做的事情充满强烈的热情为特征，并且他们从与他们一起合作的人身上也激发了同样的热情。他们认为自己的工作神圣无比，因此他们对完成工作的精确程度从不妥协。他们总是别人能够指望的那样在最重要时刻挺身而出并把事情做好的人。

觉醒领导者是清醒的。他们时刻意识到他们所处的环境和采取行动的环境。即使在其他人放松警惕的情况下，他们仍然关注最重要的事情。他们不受干扰，因为他们明白时间和注意力的价值。他们的存在具有吸引力。这有助于让其他人扎根，并让他们接受更高标准的关心。他们为其他人所依靠，总是能看清事物的本质，因为他们的意图是纯粹的，因此他们在任何给定的情况下都能感知最客观的可能性。他们能看到别人看不到或不愿意看到的东西。

觉醒领导者知道工作和生活的过程是一个永无止境的谜。他们不会被失误所困扰；事实上，他们一直在寻找失误，因为他们知道长期的成功取决于他们纠正错误的能力。他们渴望学习，他们力求清晰。当需要做出改变时，他们愿意去做出改变。他们在舒适区之外也会感到舒适。他们是解决问题的人，不一定是因为他们是某种类型的智者或天才，而是因为他们最愿意面对问题，不管这些看起来多么棘手。

我确信，在以上这些愿景中，有一些要素对你有影响，也有一些没有影响。可能有些品质在你身上已经很强大了，还有一些需要加以改进。所有这些都是自然的。但我们很复杂。觉醒领导力在我们每个人身上看起来都不一样。我建议你想象一下你自己版本的觉醒领导者的具体形象。如果你掌握了七个维度中的每一个，你会是什么样子？你会怎么做？不要害怕具体，细节很重要。

如果你能为自己创造一个清晰的愿景，你就能顺利实现它。

你的遗产会是什么

在阿瑟·米勒的著名戏剧《萨勒姆的女巫》中，有一个最重要的场景：主角约翰·普洛克托因被迫承认身为女巫而被捕，他面临着一个存在主义的难题。逮捕他的人让他选择要么签署认罪书，承认他的确是一个女巫，然后被释放，要么拒绝撒谎并被判处死刑。这也许是故事中最戏剧化的时刻，他选择正直地死去。当逮捕他的人问他为什么做出这个悲惨的选择时，他回答说："因为这是我的名字！因为我的生命中不能再有另一个名字！"他的名字——他的遗产——对他来说比他自己的生命更重要。

施捕者残忍的决定触及了觉醒领导力的核心。当然，作为一个领导者或个人，你如何选择追求自己的发展并不是一个生死攸关的问题。但对我来说，赌注与普洛克托面临的相似，因为他考虑到他的行为会如何影响他的正直和灵魂。我相信你选择成为的那种领导者有着巨大的影响力。这不仅仅关乎你，或者你的个人财富、信誉或名声，这关乎你的遗产。这关乎你来到这个地球上会对世界产生什么样的影响。这关乎你的灵魂。当你弥留之际，你会如何看待你的生活？你会平静吗？你会知道你已经尽了最大努力让这个世界变得更好了吗？

这个道德问题就是觉醒领导力的全部。你可以使用宇宙中所有的战术、工具和策略，但是如果你不能接触到这种更深层次的目标，然后围绕它来调整你的生活，那么你所能产生的影响将会受到严重的限制。你将创造的成功将是肤浅和平庸的，真正的伟大将远离你。

这是觉醒领导者的挑战。这也是其如此特别和有价值的原因。觉醒领导者为自己制定了非常高的标准。他们不满足于权力或魅力。觉醒领导者充满了品格、正直和利他。他们知道他们在个人或其他方面是每个认识他们的人的榜样。

在这本书的开头，我们将领导者定义为其他人想效仿的榜样。他们是指引我们的灯。在我们合上这本书的时候，我想再次建议你记住这个简单的定义。你想为同事、朋友、孩子树立什么样的榜样？当人们仰望于你，应该做一个什么样的人或者一生将如何度过，你会为他们所看到的感到自豪吗？

在沉思之后，你对这个问题的回答将决定你在领导力和生活中的长期成功。

关于作者

约翰·马托尼是世界知名的顶尖高管教练，他善于点燃和强化领导者的内在自我和才能，备受全球尊重。自2017年以来，他与托尼·罗宾斯和马歇尔·戈德史密斯一起，被全球权威人士评为世界三大教练权威。约翰是独特的、强大的、改变游戏规则的觉醒领导力高管培训理念和流程的创造者。从2012年开始，约翰使用他的专有教练方法，帮助50多名全球首席执行官、顶级政府领导者和职业运动员变得更强大、更有效率和更有活力。约翰曾担任已故的史蒂夫·乔布斯以及前百事可乐传奇式首席执行官罗杰·恩里科的高管教练。2015年，约翰的领导力系统被评为世界三大先进领导力发展项目之一，与约翰·麦克斯韦和托尼·罗宾斯的成果并列。

约翰也是一位国际知名的演说家，在各种活动中向世界各地的公司发表演讲。无论约翰是在为一项活动做主题发言、主持一个务虚会，还是指导一位高管，他都因拥有开启和释放各个级别领导者的非凡能力而赢得了全球声誉。

除了在领导力教练方面闻名于世，约翰还被广泛认为是企业文化和文化转型方面的世界领先权威之一。约翰是受到大型全球企业首席执行官们和中小型企业组织尊敬的顾问，他就如何创建和维持领导力文化提供指导，这种文化推动企业取得卓越的经营业绩。

约翰是约翰·马托尼大学（JMU）的创建者，该大学提供了独特的改变游戏规则的觉醒领导力高管培训成功行动方案——由国际教练联盟认证。自2017年以来，约翰·马托尼亲自指导并认证了来自全球52个国家的400多名高管教练，传授他专有的觉醒领导力理念、流程和工具。JMU还提供为期两天半的觉醒领导力务虚会、首席执行官睿智精英策划会、为期四天的沉浸式觉醒领导力策划会，以及一系列获奖的虚拟与在线领导力发展培训项目。他还创建了许多突破性的领导力和文化评估工具，包括马托尼领导力九型人格指数（MLEI）、五元文化评估（5CCA）和文化转型预备评估-40（CTRA-40）。

自2010年开启新业务以来，经过15年的企业生活，约翰·马托尼一直致力于帮助当前和未来的领导者以及组织机构取得突破，成为最好的自己。也许最能证明约翰的核心目标和梦想实现的是他的许多慈善行动，包括他在母校中佛罗里达大学以自己的名义创建的一个年度奖学金基金。1980年他在这所大学以全班第一名的成绩毕业，获得了工业与组织心理学硕士学位。约翰·马托尼领导力与教练奖学金每年颁发一次，奖励给一名在领导力与教练领域表现出巨大潜力的优秀硕士或博士学生。

自2011年以来，约翰一直被Globalgurus.org、Thinkers50、《福布斯》杂志、美国有线电视新闻网、卓越领导者俱乐部、沃伦·本尼斯的《卓越领导力杂志》、HR.com等媒体公认为世界上最好的高管教练和演说家之一。他在佛罗里达大西洋大学担任EMBA教师，讲授他深受欢迎的全球领导力评估与发展（GLAD）课程。通过这门三学分的课程，约翰已经亲自指导了500多名EMBA学生。他还在苏黎世的ZFU国际商学院任教，并担任世界领先商学院之一的霍特国际商学院的杰出高级研究员。

作为九本书的作者，约翰拥有三本畅销书：《天才领导力》《觉醒领导者》和《文化转型：领导力教训和企业再造》。2017年，约翰的博客被Feedspot评为全球头号高管教练博客。他的文章曾在《华尔街日报》、美国有线电视新闻网、《福布斯》杂志、《快公司》杂志、《商业周刊》《企业》杂志、《市场观察》《赫芬顿邮报》《首席执行官》杂志、首席执行官网、《首席法务官》杂志、《首席信息官》杂志、《环球邮报》、《哈佛商业评论》以及许多其他受尊敬的全球新闻媒体上发表。

在从事高管教练工作之前，约翰是世界顶级领导力咨询公司之一——高管发展协会（EDA）的总裁。他拥有巴布森学院管理和组织行为学学士学位，以及中佛罗里达大学工业与组织心理学硕士学位。

反侵权盗版声明

电子工业出版社依法对本作品享有专有出版权。任何未经权利人书面许可，复制、销售或通过信息网络传播本作品的行为；歪曲、篡改、剽窃本作品的行为，均违反《中华人民共和国著作权法》，其行为人应承担相应的民事责任和行政责任，构成犯罪的，将被依法追究刑事责任。

为了维护市场秩序，保护权利人的合法权益，我社将依法查处和打击侵权盗版的单位和个人。欢迎社会各界人士积极举报侵权盗版行为，本社将奖励举报有功人员，并保证举报人的信息不被泄露。

举报电话：（010）88254396；（010）88258888
传　　真：（010）88254397
E-mail：　dbqq@phei.com.cn
通信地址：北京市万寿路 173 信箱
　　　　　电子工业出版社总编办公室
邮　　编：100036